# 一冊の本が学級を変える

## クラス全員が成長する「本の教育」の進め方

多賀一郎 著

黎明書房

# はじめに

数年前から、幼稚園、小学校をはじめとして、いろいろなところで「本の教育」や「絵本の世界」の話をしています。僕がするのは、ほんの少しポイントとなることを話して、ひたすら皆さんに本を「読み聞かせ」することです。

決して上手とは言えない僕の「読み聞かせ」を聴いてくださったら、多くの方が紹介した本を近くの本屋さんや通販で買われたり、図書館から借りてきたりして、子どもたちに「読み聞かせ」してくださいます。

そうすると、まちがいなく、親御さんは子どものすてきな笑顔に出会い、先生は子どもたちが集中して真剣なまなざしを自分に向けることを体験するのです。僕が講演してから、先生たちが子どもたちへ盛んに読み聞かせを行うようになった結果、一年間の図書室の貸し出し数が五倍以上になった学校もあります。

僕は、「本の教育」ということを、提唱しています。

読書指導というよりも、心の教育として「本を読む」ということです。難しいことではありません。本を使って子どもに道徳指導をするということも含まれますが、そんなことよりも、ともかく子どもに本を読み聞かせること。子どもが本を読むようになること。そして、本を選んで子どもに思いを伝えるということ。

ただそれだけで、子どもたちが考え、心を育むことができる、というのが、僕の主張です。なぜそんなことが可能かというと、本にはすごい力があるからです。そして、本を読むということは、とても楽しいことだからです。

この本では、まず、本の持つ力について語ります。そして、その力を活かせる最高の方法、「読み聞かせ」と、読み聞かせるのに必要な技術について語ります。それから、子どもを本好きにするにはどうしたらよいのか、さまざまな手立てを示します。

続いて、本の世界がどれほどすばらしく、子どもを育てるものにあふれているかを、さまざまな観点から述べていきます。そこでは、僕の大事にしている本たちをたくさん、紹介します。

そして、ストーリー・テリングというお話の世界が、どれほど子どもたちを魅了するのかということも、語ります。

最後に、保護者や先生たちからよくたずねられることについて、Q＆Aで答えます。

本の持つ力を感じてください。その力を素直に子どもたちにぶつけていけば、子どもたちは、自分で考えて、自ら心を豊かにしていけるのだと信じています。

# 目次

目　次

## 第4章　子どもを本好きにするためのレシピ　34

## 第7章 ストーリー・テリング お話の世界が、子どもたちをひきつける 110

序章

# 本は、スローフードである

僕が初めて本を自分で読むようになったのは、いつごろだったでしょうか。はっきりと覚えてはいませんが、物心ついたときには、僕の目の前には、講談社の「少年少女世界文学全集　全38巻」があって、小学校の卒業までに全部、それも何回も読み切っていたように記憶しています。

当時は、ゲームもカードもなく、ビデオも存在しなくて、テレビも子どもが見る番組はあまりありませんでした。家の中での娯楽と言えば、本しかなかったとも言えるでしょう。

バーネットの『小公子』から魯迅の『故郷』、

何回も読みきった「少年少女世界文学全集」

ポーの『黄金虫』、ケストナーの『飛ぶ教室』、『ファーブル昆虫記』にベルヌの『海底二万マイル』、リンドグレーンの『長くつ下のピッピ』、『古事記』に『太平記』……と、分厚いハードカバーの本たちを擦り切れるほど、読んでいました。

今も手元に残っているその本たちは、僕に人生のさまざまなことを教え、人間というもののすばらしさを訴え、世界の国々の文化を伝えてくれました。その言葉は、僕の体内で血となり肉となっていったように思えるのです。

そして、そこから始まった本と共にある人生が、親よりも先生たちよりも、先輩たちよりも、僕を支え、僕を励まし、育ててくれたように思うのです。

今は本よりも、テレビやネットを中心とした映像文化が世の中の真ん中にあるようです。スイッチさえ入れれば、流れてくるという文化。立ち止まらないと受けとめられない文化ではありません。

さらに、スマホの文化。電車に乗っていると、文庫本を開いて読む人が減ったなあと思います。多くの若者が、いや、老若男女が、イヤホンをつけ、スマホをいじっています。別にそういう文化を否定するつもりはありません。僕も最近、電車では携帯です。簡単にさまざまな情報を手に入れることができて、しかも、自分のほしい情報を手早く得られるのですから、忙しい現代人には、適したものだと思います。

でも、これらって、何かに似ていませんか。

マックやケンタッキー、牛丼といったファストフードに似ているような気がするのです。手早く簡単に食欲を満たしてくれて、それなりに味も良いというのが、こうしたファストフードの利点です。でも、ファストフードは、手をかけて食のバランスを考えて作られた料理（スローフード）には、とてもかないません。栄養のバランス、微妙な味加減、そういう点は、手間のかかるスローフードの方が圧倒的に優れています。

たとえば、毎朝、毎晩の食卓に、ピザ、ランチパック、牛丼弁当、ハンバーガーとポテトなどのファストフードばかりが続いたら、どうでしょうか。子どもたちは「そのほうがいい」と言うかもしれませんね。しかし、バランス良く栄養を摂って、健康な生活を営むには、ちょっと問題があるでしょう。

スローフードが、手間がかかってめんどうであっても、食生活の充実と健康という面では、とても大切だということは、まちがいありません。

テレビやスマホも、僕に言わせれば、ファストフードみたいなものです。簡単でめんどうがなく、立ち止まることもほとんどなくてすみます。実に便利で、ほしい情報は、真偽は別として、すぐに手に入ります。

また、スマホのラインなどは、情報が流れるように入ってくるし、誰かの考えというものも、ツイッターを利用すれば、リアルタイムで共有できてしまいます。

ところが、本に表現された考えを共有するには、読み取るという時間がかかります。場合によっては、読んでいる途中で心が立ち止まることもあります。本に書かれたことは、心の中にじっくりと入ってきて、自分の考えや心の問題に少なからぬ影響を与えてくれるものです。

本は、テレビのように何か仕事をしながら楽しめる文化ではありません。編み物をしながら読書はできないし、お料理を作りながら本を読むこともできないでしょう。本は、読書があまり好きではない方からすれば、めんどうなひと手間のかかるアイテムなのです。

つまり、本はスローフードみたいなものです。文化のゆったりとした体験です。ぜひ、この本の世界を通じて、子どもたちをじっくりと育てていくことを考えてみましょう。

# 第1章

# 本には力がある

「本には、不思議な力がある」と感じるようになり始めたのは、僕が三十歳を過ぎて、娘にいろんな絵本を読み聞かせするようになったころからでした。娘に読み聞かせた本たちを、教室で子どもたちにも読み聞かせすると、「えっ」と思うような反応が返ってきて、驚きました。どんなにクラスのムードが悪くなっていても、絵本一冊で、子どもたちの表情が変わってしまうことを目の当たりにして、「本の力」というものを考えるようになりました。

## 1　心にすっと入っていく力を信じよう

本は、子どもの心にすっと入っていくような気がします。この「すっと」というのは、無理なく、素直にという意味です。もちろん、「えーっ」という反発があったり、本の内容に腹を立てたりすることもあります。でも、それって、素直に反応しているということですよね。

教師や親が、子どもたちにお説教する言葉は、なかなか子どもたちの心に届いていきません。道徳的な訓話などは、特に受け入れにくいものなのです。子どもには子どもの思いがあるし、いろいろ言われれば言われるほど、納得できないものです。

**本は、自分との対話を生みます。**

ところが、本の世界は、自分の生活している現実世界ではありません。だからこそ、本を自分で読んだり、読み聞かせてもらったりしているときには、心の中で自分との対話が生まれるのです。「あのとき、僕も同じ気持ちだった。この主人公は、こういう解決を考えたんだな。僕ならこうかな……」というような本との対話を通じて、子どもは、自分のことも考えていくようになっていきます。

## 2 『次郎物語』が変えた自分の世界

僕は、小学校の高学年のころ、友だちとの関係で悩みました。今から考えると、大したことのないトラブルだったように思います。

何だったかは忘れましたが、ペナントかワッペンみたいな物だったと思いますが、言葉の成り行きで、持ってもいないものを、「おれ、それ持ってるで」と言ってしまったのです。小学生では、よくあるパターンですね。

それをきっかけとして、友人たちから
「多賀はうそつきや。」

と言われ、仲間からハブられ（仲間外れされ）ているような気がしていました。

毎日、学校へ行くのがつまらなくて、家へ帰ってきてからも、外へも遊びに出ないで、本ばかり読んでいました。

そのとき読んだ『次郎物語』（下村湖人）の中に、こういう内容がありました。

なぜか三人の兄弟の中で真ん中の自分だけが里子に出され、いじけた心で実家へ帰ってきた次郎に、おばあさんが露骨にほかの兄弟と差別して、意地悪をしたのです。それによって、次郎は、どんどん自分がみんなから疎外された人間だと思い込んでいき、すさんでいきました。

ところがある日、ふとしたことから、次郎は気づくのです。愛してくれる母親。大切にしてくれる父親。次郎をかばう兄。けんかするけど、慕ってくる弟。里子先の乳母のおはまや、その娘も、自分を大事に思ってくれる。そして、学校には、信頼できる友だちがいて、尊敬できる先生もいる。

そう考えていったとき、次郎は、自分の不幸の原因は、ただ一人、祖母だけだということに気づくのです。たった一人のために、大勢の愛情を忘れていたことに……。そこに思い至った次郎は、逆に祖母を「かわいそうな人」だと、余裕をもって見られるようになります。そこから、彼の世界が変わっていくのです。

実は、彼を取り巻く状況は、何も変わっていません。ただ、自分の考え方が、目の付けどころが、変わっただけなのです。

僕は、ここを読んだとき、自分の親、義理の姉、先生、ほかの友だちのことを思いました。そうすると、自分の苦しみの原因は、たった二人の友人であって、ほかの人たちは、みんな自分を認めてくれているということに気づけたのです。


**本の世界が、僕の世界も変えてくれました。**


そう思えたら、仲間外れは、なんの意味もないものに変わりました。逆にその友人たちを相手にしないようにしていたら、向こうから話しかけてくるようになりました。

僕は、友だち関係に悩む子どもたちで、少し文

章が読めるという子どもに『次郎物語』を薦めてきました。「ここまで読んでごらん。きっと楽になるよ」と言って。

## ３　本が持つ力とは何か

本の持つ力については、拙著『子どもの心をゆさぶる多賀一郎の国語の授業の作り方』（黎明書房）の第Ⅲ章で、五つの項目に分けて解説しています。

①　言葉の力を育てる
②　感情が豊かになる
③　親子、教師と子どもとの関係がよくなる
④　本は直接体験
⑤　絵本は「心のふるさと」

の五項目です。

ここでは、これらについては、詳しくは触れません。

**本は、心にひびいてくるものです。**

大切なことは、本の持つ力によって、読む人が癒されたり、励まされたりすることです。また、楽しくなったり、哀しくなったりと、喜怒哀楽を経験できるということです。

つまり、本は、心のスイッチを押して、心を揺り動かすのだということです。

# 第2章

# ぬくもりが伝わるから「読み聞かせ」をする

「読み聞かせ」という言葉には独特のひびきがあります。多くの幼稚園や小学校、いや、中学校でも、使われる言葉です。「読み聞かせ」という言い方に強制的なものを感じて嫌がる方もいらっしゃいます。僕も、一時そうでしたが、今は「読み聞かせ」という一つの教育活動として、考えています。「読み聞かせ」ということについて、少し掘り下げて考えてみましょう。

## 1　なぜ「読み聞かせ」をするのか

お母さんが、幼子を膝に乗せて、絵本を開いて「読み聞かせ」する。それが、もともと「読み聞かせ」の基本だと思います。お母さんのぬくもりを背中に感じて、安心した状態でお母さんの声を聴きながら絵を楽しんで、本の世界へと入り込んでいくのです。

そのあたたかい幸せな状態が、「読み聞かせ」の基本の形だと思うのです。

ぬくもり――今の教育に不足しがちなものの一つが、これです。親のぬくもりを感じられない子どもたちが、荒れます、すさみます。教師がぬくもりを伝えられない教室で、陰湿ないじめが起こります。

人間は、ぬくもりなくしては、人として生きていけないものなのだというと、言いすぎでしょうか。

そのぬくもりを感じさせてくれるものが、「読み聞かせ」なのです。

活字で書かれた文章であっても、親や教師という人間を通して語られたとき、その人の持つあたたかさや人間性が、自然と子どもたちに伝わっていくのです。

**「読み聞かせ」を通してぬくもりが子どもの心にしみ入っていきます。**

「読み聞かせ」をしたとき、テレビやネットを楽しんでいるときには全く経験できないぬくもりというものを通して、言葉が子どもたちの心に届いていきます。まさしく、生きた言葉が入っていくのですね。

「読み聞かせ」を受けた子どもたちの心が、人間らしい動きをし始めるのは、当たり前だと言ってよいのではありませんか。

## ２　「読み聞かせ」が育むもの

本の「読み聞かせ」によって、子どもの中に育つことがいくつかあります。もちろん、本の内容や種類によって、子どもの中で育っていくものは違ってくるでしょう。

それはさておき、ここでは、教室での「読み聞かせ」という教育活動そのものが子どもに与える影響について考えてみましょう。

まず、「聞く」子どもたちを育てるということです。

拙著『全員を聞く子どもにする教室の作り方』（黎明書房）にも書きましたが、「読み聞かせ」は、子どもたちが集中して聴ける場を作ります。少々荒れた状態にあっても、絵本を開いて読み始めると、子どもたちの多くは黙ります。ついぺらぺらと話してしまう子どもたちに対して「しっ！」と、注意までしてくれます。

白けた態度をとる子どもたちも、おもしろい本を「読み聞かせ」し始めると、つい、耳をそちらへ傾けてしまいます。嘘のような話ですが、「読み聞かせ」に取り組む教師たちは、何度か経験したことがあると思います。

教師の説教は聞けなくても、「読み聞かせ」してもらいながら、心の中で本との対話をしていくので、自分で考えることができるということです。

## 3 「読み聞かせ」は、空気をがらりと変える

前の項に書いたことと少し重なることではありますが、「読み聞かせ」をするだけで、教室の、子どもの、空気が大きく変わります。

大声で「静かにしなさい」と言わなくても、黙って本を開いて読み始めるだけで、急に子どもたちのムードが変わります。そりゃあ、殴り合いの大ゲンカをしているところで読み始めても止まりませんよ。でも、空気がよどんでいたり、沈んでいたり、興奮していたりしているときに、一冊の本がその空気をがらっと変えてしまうということは、本当にあるのです。

僕は教室にいつも、「空気の変わる絵本」を

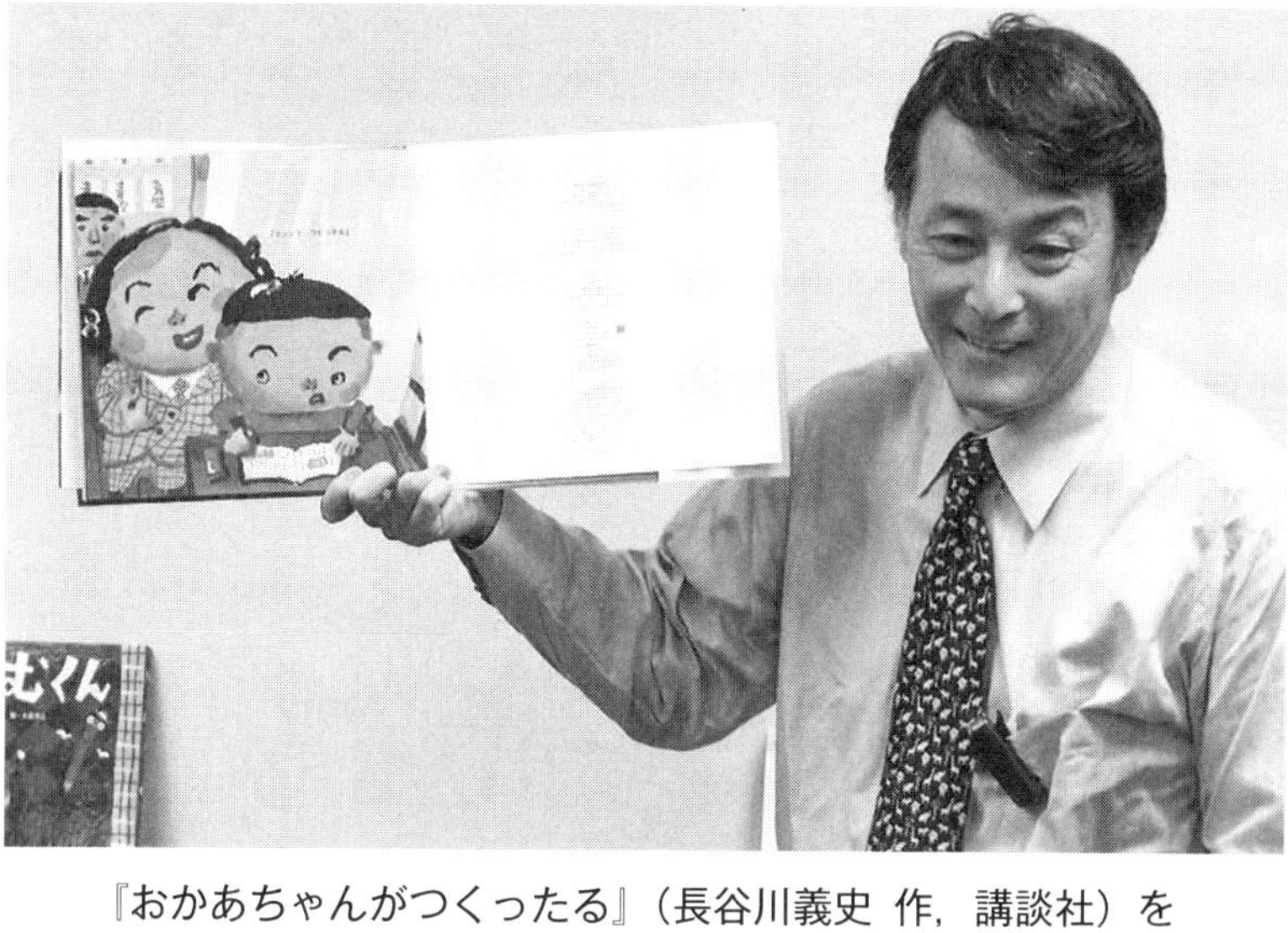

『おかあちゃんがつくったる』（長谷川義史 作，講談社）を読み聞かせする著者

置いていました。

楽しく笑いに変えたいときは、『へっこきよめどん』（富安陽子文、長谷川義史絵、小学館）や『はなくそ』（アラン・メッツ作、伏見操訳、パロル舎）。

明るくて優しい気分にしたいときは、『にゃーご』『ちゅーちゅー』（宮西達也作・絵、鈴木出版）。

「そういう本の使い方は、邪道だ」とおっしゃる方もいらっしゃいます。そう考える方は、別にしなくてもよいでしょう。僕は、教育活動に邪道も本道もないと思っていますから、こんなに力のあるものは、大いに活用させてもらいました。だって、それだけで、怖い顔も、大声も、子どもへの恫喝も、いらないのですから。

## 4　読み書きのできない子どもたちにも

ディスレクシアという言葉を知っていますか。僕も最近知ったばかりで、詳しく理解できているわけではありませんが、「読み書き障害」と言われるものです。トム・クルーズやスピルバーグもそうだったと言われています。

いろいろなタイプがありますが、要するに、知能は優れていてたくさんのことが理解できるのに、本は読めない子どもたちがいるということです。

本の読めない子どもたちには、「読み聞かせ」がとても重要な意味を持ちます。たとえば、文字を見たら意味不明の形にしか感じられない子どもたちでも、読み聞かせをしてもらうと、本の内容を理解することができるのです。

ノートをとれと言われると、とたんに何が何か分からなくなってしまう子どもにも、聞き取ることはできる子どもがいるのです。

読み聞かせを徹底的にしていくことが、読字障害には効果があると言われています。（ふだんはポリシーとして、「障碍《しょうがい》」という言葉を使いますが、専門用語として「障害」という言葉をそのまま使いました。）

読み聞かせが、こうした子どもたちへの一つの手立てにもなるということです。

# 第3章

# だれでも身に着けられる「読み聞かせ」の技術

ここからは、「読み聞かせ」の技術について語りたいと思います。本の「読み聞かせ」について考えていくと、どのような読み方をすれば良いのか、ということに必ず突き当たります。

## 1 「淡々と」か、「抑揚をつける」のか

「読み聞かせ」の仕方には、大きく分けて、次の二種類があります。
・表現読みとして、自分が読み取り、感じ取ったことに抑揚をつけて、演じるように読む読み方。
・淡々と、感情を抑え、抑揚も抑え気味にして読む読み方。

それぞれに意義があります。おもしろい話、ちょっと下品な話、ユーモアのあふれた話、会話のやりとりの楽しい話。そういう話を読むときは、抑揚をつけて演じるように読む方が、聞いている

子どもたちも楽しいでしょう。

そういう読み方は、練習できます。

僕は、落語を聞いて練習しました。桂枝雀の「七度狐」や「崇徳院」のレコードを何度も聞いて、真似をしてみました。子どもたちに、ときどき、そういう落語を語るときもありました。

ポイントは、声を大きく出せるかどうかですね。大きな声が出せれば、大小はつけられます。思い切って、口を縦に開いて声を出してみると、大きな声が出るものなんですよ。声の出し方については、後で詳しく述べます。

また、俳優さんが朗読するのを聴いていると、演劇のときとはちがい、感情をあまり表に出さずに、淡々と読んでいるような気がします。戦争の話を読む吉永小百合さんしかり。震災の文を読む竹下景子さんしかり。

淡々とした読み方は、聞き手の方が言葉から想

像してイメージを描きやすくなるので、聞き手の感動はそのほうが大きくなるような気がします。

僕は基本的に淡々と読むタイプです。そういう読み方が好きだとおっしゃっていただくことが、よくあります。なんとなくおしつけっぽくないからでしょうか。表現読みが苦手だからそれしかできないというのも、理由の一つですが。

## ２　発声を変える

一対一ではなくて、大勢に「読み聞かせ」するときのコツを話します。

僕は、基本的に声が小さくて、今でもあまり大きな声では語れません。セミナーではマイクを使うことが多いです。でも、親塾やセミナーで本を「読み聞かせ」するときは、それまで手にしていたマイクを置いて、生の声で語ります。

そのときは、スイッチが切り替わるのです。発声の仕方から変わります。

・肩の力を抜いて、背筋をぴんと張って、足を少し開いて立つ。
・口は縦に開けるということを意識する。
・おなかが震えるような感じで声を出す。
・最初の題名を読むときに声を大きめに出す。

これが、僕のポイントです。これなら、だれにでもできるでしょう。

それから、朝から体温を上げて体の筋肉をほぐすために、ストレッチをすることも、声を出しやすくする工夫です。

口を縦に開けることは、ふだんから練習が必要です。発声練習をすればいいんですね。僕は講演に車で出かけるときなどは、車内で「アエイウエオアオ、カケキクケコカコ……」と、口を縦に開けるように意識して大声を出しています。そして、そのあと、早口言葉の練習です。「赤パジャマ、黄パジャマ、茶パジャマ」と、口を大きく開けることが早口言葉の基本です。

## 3　自分らしく読むこと

『雪とパイナップル』（鎌田實著、唐仁原教久画、集英社）という話があります。絵本のような物語ですが、チェルノブイリの犠牲となった白血病の少年が亡くなる前に、日本の看護士さんが、雪の中をパイナップルを探して歩いたという話です。美しい心のお話です。

その本を朗読することになりました。何度も何度も練習しました。ところが、淡々と読めば読むほど感情があふれてきて、涙が止まらなくなって困るのです。あまりにも美しい人々の心。哀しい話なのに、そこにある人間の美しさに涙が止められなくなるのです。

そこで、試しに抑揚をつけて、演じるように読んでみました。そうすると、感情が自分の中にはあふれなくなって、涙も出なくてすみました。でも、それでは自分の読み方じゃないという感覚がぬぐえなくて、悩みました。

僕の友人は、有名なプロのミュージカル劇団を経て教師をしています。ふだんからほれぼれするような良い声で語る姿を、いつもうらやましく思っていました。その彼に、淡々と読むか、演じて読むか、どちらの読み方で読むべきだろうかと、たずねてみました。

彼の答えは明確でした。一言、

「多賀先生は、先生の読み方でいいんじゃないですか。」

でした。

迷いは、一度に吹っ切れました。「僕は僕なりでいいんだ。というか、それしかないんじゃないか」と、思いました。そして、自分らしく淡々と読むことに決めました。

自分らしく「読み聞かせ」する。それが一番大切なことです。

## 4　絵本の「読み聞かせ」の、ちょっとしたコツ

絵本を読むときには、少し工夫をすると、聞き手も聞きやすくなります。そして、絵本の力を最大限に生かすことができます。

まず、絵本のめくり方というものを考えてみましょう。

元京都女子大附属小の大石進先生から（僕の絵本の世界を広げてくださった恩師ですが、）絵本のめくり方というものがあると教わりました。

## めくり方の基本は、描かれたことを全部伝えるということです。

僕は絵本を自分の右手に持って、めくっていくようにしています。

表紙をめくったら、たいてい、文字の書いていないページが出てきます。そこも、絵本なのです。なんにも書いてないページを見せているときは、そこに間が生じているのだと考えます。

そして、最後まで読んだら、また、空白のページが出てきます。これは、読み終わった余韻なのですから、しばらくそのページを開けて余韻を味わわせるのです。

裏表紙も必ず読みます。といっても、見せるだけで十分です。絵本によっては、表紙と裏表紙で一つの絵になっているものもありますから、そのときには、表裏の表紙を広げて、子どもたちに見せます。

立つ位置は、どうでしょうか。

普通の本を読む場合は教壇の真ん中で良いと思いますが、絵本を読むときは、子どもたちの真正面よりも、子どもに向かって左端に立つ方が良いと言われます。これは、僕自身は確信をもって言えませんが、左端に寄ったときの方が、子どもの視線が落ち着くような気がします。それよりも、絵本を教室で読むときは、机を後ろに下げて子どもたちは前に集まり、床に座って聞くのが一番近くていいのです。「読み聞かせ」のムードも高まります。

子どもたちを座席に座らせて読まなければならないときは、教師が教室の横に移動して読めば、前の子どもたちだけが得をすることは避けられますが、前の方には視力や聴力の弱い子どもを配置する場合もあるので、その辺の配慮は常に必要ですね。

『やんちゃももたろう』（野村たかあき作・絵，でくの房）を
読み聞かせしている著者

# 第4章

# 子どもを本好きにするためのレシピ

僕が担任することに決まると、保護者のみなさんは、「子どもが本を読むようになる」ということを期待されました。そして、ウソのようなことですが、ほとんどの子どもたちが、本当に本好きになって、読書量が増えていきました。

**必ず子どもを本好きにすることが、できます。**

自然とそうなるのではありません。子どもたちが本を読むようになるための手立てがあって、それを全部実行しているから、必然的に本好きが増えていくのです。たくさんの手立てを同時に行っているのです。この本を読まれたら、ぜひ、全て実行してみてください。必ず、子どもたちが本を読むようになっていくでしょう。

その手立てを示しましょう。

難しいことではありません。本にはもともと魅力があるのだから、その世界に子どもたちを誘いこめば良いというだけのことなのです。

## 1　ブックトーク——テーマを決めて

ブックトークにはいろいろな手法がありますが、ここで述べるのは、単純に本の紹介をするということです。本の世界から遠い子どもたちは、どんな本を選んだら良いのか分からない場合が、圧倒的に多いからです。

図書室で自由読書にしたとき、いつもうろうろして本を探しているだけで終わってしまう子どもを見かけませんか。それでは貴重な読書の時間が無駄になってしまいます。

子どもたちに本をたくさん紹介してあげましょう。シャワーのようにたくさんの本を紹介すれば、その中に必ず子どもの心をひきつける本たちが見つかるはずなのです。

**シャワーのようにたくさんの本を紹介します。**

ブックトークにおける本の選び方は、次のように考えます。

## ■学年に応じたレベルの内容で

子どもたちの読む力には差があるので、内容は学年のレベルに合わせても、文章の難易度は、幅広くして、絵本・絵物語・単行本・文庫本など、いろいろ用意するべきです。

読みやすい本から、その学年ではちょっと難しい本まで、常に一回のブックトークの中に、さまざまなレベルの本をそろえます。

## ■テーマを持って

時にはテーマなしでもよいのですが、ブックトークで一年間を通して本を紹介していくのであれば、そのときそのときでちがうテーマを持った方が、結果的にバランスの良い本の選択ができます。

また、一つのテーマの本を、毎回一、二冊ずつ紹介し続けるというのも一つの方法ですね。

## ■子どもたちの実態に応じて

友だちの問題で悩み始めた子どもたちには、友だちについて考えさせられる作品を並べます。

人にレッテルを貼って決めつけてしまいがちな子どもたちには、そのことで相手が受けるダメージを考えさせる作品を。家族から離れてさびしい思いをしている子どもには、共感の持てるファンタジーを。学級の実態、子どもの姿から、ブックトークの本選びをします。

## 自分の心に感じた本を

教師自らが読んで心に強く残った本だからこそ、子どもにも伝えたいという強い気持ちが現れます。何かの紹介文を読んで真似るだけでは、指導するときにパワーが出ません。感動があるから、伝えたいという思いが生まれ、それが自分の言葉となって、子どもたちに降り注いでいくのです。

### (1)　戦争から考えること

戦争から平和教育へとつながる手法は二種類あると、僕は考えてきました。

その二つを「はだしのゲン」タイプと「禁じられた遊び」タイプと呼んでいます。

『はだしのゲン』（中沢啓治作、汐文社）は、漫画ですが、戦争の悲惨さを生々しく描いた作品で、戦争というものがいかに非人間的なものなのかを心に焼き付ける、優れた作品だと思います。『火垂るの墓』（野坂昭如著、ポプラ社他）や『黒いちょう』（松谷みよ子文、遠藤てるよ絵、ポプラ社）、もっと言うと、峠三吉の『原爆詩集』（日本ブックエース）などがそれと同じ種類にあたるでしょう。

一方、「禁じられた遊び」は、その正反対の手法です。映画「禁じられた遊び」をご覧になった方は、もう少なくなっているかもしれません。舞台は、大戦時、フランスの田舎の村でした。主人公は目のきらきらした少女。映画の冒頭に飛行機に襲われて家族が亡くなったということ以外は、残酷な戦争のシーンなど、出てきません。ただ、少女が無垢の心でする「お墓遊び」の行方を見ているうちに、「戦争とは、してはいけないものだ」という思いが、静かに観客の中にわいてきます。『すみれ島』（今西祐行作、平和図書館「戦争と平和」子ども文学館13、日本図書センター）、『せかいいちうつくしいぼくの村』（小林豊作・絵、ポプラ社）、『ゲンのいた谷』（長崎源之助著、実業の日本社）、『おかあさんの木』（大川悦生作、箕田源二郎絵、ポプラ社）、『川とノリオ』（いぬいとみこ作、長谷川集平絵、理論社）などが、それと同じグループに入るでしょう。

低学年の子どもたちには、後者の「禁じられた遊び」の手法が適していると思うので、僕は、低学年のブックトークでは、残酷で生々しい表現の戦争平和文学は避けます。

一方、六年生ぐらいになってくると、戦争の実態というものを、きちんと知っていくことが、必要になってくると考えています。したがって、ブックトークには、「はだしのゲン」タイプが入ってきます。しかし、そればかりのブックトークをすると、重たい感じになって、本に対する関心が持ちにくくなるので、明るい本たちも一緒にしてのブックトークにします。

## (2) 友だちについて考えよう

中学年の子どもたちは、友だちについて深く考え始める時期です。悩みを持っている子どもたちもいます。本の世界から、子どもたちが友だちを考えるきっかけをつかめるかもしれません。

◆「おれたち、ともだち！」シリーズ（内田麟太郎作、降矢なな絵、偕成社）

楽しい絵本から入りたいですね。それには、このシリーズがぴったりです。笑いながら、友だちのよさを感じていけるだろうと思います。

◆『クオレ』（アミーチス著、講談社他）

同年齢の子どもたちの織り成す名作に少しふれてほしいものです。誇りや義理、友情、家族愛といった大切な心のあり方を考えてほしいのです。

『飛ぶ教室』（エーリッヒ・ケストナー作、講談社他）

『クオレ』は、戦後しばらく、愛国主義を唱えているということで読み控えられた作品ですが、だれもが知っている「母を訪ねて三千里」などが挿入されていて、心打つお話がたくさんこもっています。

『飛ぶ教室』は、人間はその本を読んだ人と読まなかった人に分かれる、と言われるほどスタンダードなお話です。有名人千人に、少年時代に読んだ本のアンケートをとると、圧倒的な一位がこの本だったそうです。

◆『十五少年漂流記』（ジュール・ベルヌ作、講談社他）

子どもたちだけのグループだと、わがままや利害がぶつかり合います。その中でどうやって仲間と生活していくのか、いろいろ考えられる本です。冒険のできなくなっている今の子どもたちに、はらはらどきどきの体験をさせてくれることでしょう。

◆『泣いた赤おに』（浜田廣介作、偕成社他）

低学年と高学年では、とらえ方が全くちがうお話です。僕は、ある程度友情ということの分かりかけるときに、この話を読んでほしいと思っています。大人になって読むと、涙があふれてきますよ。

◆『いぬうえくんが　やってきた』（きたやまようこ作、あかね書房）

いぬうえくんとくまざわくんは、どちらが優位なのかわかりません。こういう不思議な関係というのも、ありですね。子どもたちもそれぞれいぬうえくんかくまざわくんになって自分の友だちへの態度を考えていくことでしょう。

◆『スタートライン』（あびるとしこ作、長谷川知子絵、新日本出版社）

人にはさまざまな面があり、嫌いだと思っていた子ども同士でも、違う面を見ることで、付き合えるということが語られます。膠着《こうちゃく》した考えを持たないために……。

◆『百まいのドレス』（エレナー・エスティス作、ルイス・スロボドキン絵、石井桃子訳、岩波書店）

もともとは「百枚の着物」という古典を石井桃子さんが、新しく訳し直したものです。少し難しいテーマですが、物事を深く考え始めた子どもたちには、指針を示してくれるだろうと思います。

### (3)　動物シリーズは、どの子にも大うけ

子どもたちは、動物が大好きです。低学年でも、高学年でも、動物に関する本は、子どもたちの心をとらえます。動物文学には、動物が人物として出てくるお話と、動物の生態を描いた物語とに

分かれるでしょう。ここでは、絵本の世界は横において、中学年以上の子どもたちに紹介する本たちを挙げましょう。

前者には、『ニルスのふしぎな旅』（ラーゲルレーヴ作、講談社他）、『ジャングルブック』（キップリング作、福音館書店他）、『白い牙』（ロンドン著、光文社他）など、動物と人間との交流やその残酷さを描いたものがあります。『バンビ』（フェーリクス・ザルテン作、上田真而子訳、岩波書店）は、ディズニー本ではなく、物語として読んでほしいものです。

後者では、『大造じいさんとガン』で有名な椋鳩十とともに動物文学というジャンルを確立させた戸川幸夫の作品たち。

さらに、その元ともなった有名な『シートン動物記』を、今どきの子どもたちは知りません。図書室に並んでいても、子どもたちの手が伸びることは少なく、宝の持ち腐れになっているのです。ぜひ、子どもたちに紹介してほしい逸品です。シートンは、動物たちの視点で描いている点で前のグループに分類しても良いのですが、必ず事実に即したものを含んでいる写実的な物語なので、後者に入れました。

『子鹿物語』（ローリングス作、ポプラ社他）なども、これほど心打つ物語であり、成長する子どもにぴったりと合った物語なのに、近年は、ほとんど読まれていないのです。子どもたちが「その本」を知る機会がないのです。

『盲導犬クイールの一生』（秋元良平写真、石黒健吾構成・文、文藝春秋）なども、子どもたちの心をひきつける作品です。

## (4) 小人の世界が夢を広げる

昔から、小人たちの世界は、子どもたちの夢の世界です。木陰に、机の下に、教室のロッカーの後ろに、小さな人間たちがいるのではないのかという思いを持つ子どもたちの目は、輝いています。

◆『だれも知らない小さな国』(佐藤さとる作、村上勉絵、講談社他)

目に見えない速さで動き回るから、見ることのできない小人たち、コロボックルの世界。そういう世界が自分たちの周りにあるかもしれないと考えるだけで、子どもたちはわくわくしていきます。これはシリーズなので、一冊読むと、次々と読み続けていくことができます。

◆『床下のこびとたち』(メアリー・ノートン作、林容吉訳、岩波書店)

「借りぐらしのアリエッティ」として、ジブリの映画になりましたが、優れた作品が安易な書き換えをされてしまうことに、哀しさを覚えます。とは言うものの、子どもたちに紹介するときは、「あのアニメの原作だよ」というように紹介した方が、受け入れられやすいと思っています。

◆『ホビットの冒険』(J・R・R・トールキン作、瀬田貞二訳、岩波書店)

小人の物語の多くは、人間との共生という問題を提起するのですが、この話は、完全なアナザーワールドの世界です。有名な『指輪物語』という大作ファンタジーの中に出てくる小人族のホビットが主人公の物語です。これも二〇一三年に映画公開されました。

映画やドラマで取り上げられた作品を活字で読むというのも楽しいものです。

◆『ニルスのふしぎな旅』（ランゲルレーヴ作、講談社他）

これは、少年ニルスが魔法にかけられて小人になってしまうというお話です。同時に、動物たちと会話できるようにもなります。これまで意地悪してきた動物たちと立場が逆転して、力のない存在になった少年が、知恵と少しずつ増えていく仲間たちの協力で冒険にいどんでいくのです。

◆『ガリバー旅行記』（スウィフト作、講談社他）

「ガリバー」は、四つの国への旅行記です。

その中で最も有名な「リリパット」は、小人の国へ入ったガリバーが、小人たちに拘束されるシーンが印象的です。昔「ガリバー」を読んだ多くの方は、そのシーンを思い出されることでしょう。

なお、「飛ぶ島」への旅行記があって、それは、空飛ぶ島の物語ですが、ジブリ映画の「天空の城ラピュタ」の元となったものです。そういう話も関連させていくと、子どもたちの興味も高まることでしょう。

いろいろな方向から本へアプローチしていくことで、子どもたちの本への思いを育んでいくことでしょう。

## (5) 作家シリーズ

教科書で習った作品の作者など、一人の作者について、さまざまな本をブックトークするのも楽しいものです。

少しその作家の世界について説明したりして、作家への関心を子どもたちに持たせます。教師の思い入れがあってもかまいません。大いに、「自分はこの作者が好きなんだ。なぜなら……」というように、作家の世界を語りましょう。

そのときには、図書室にたくさんの本があるということが、大切です。ブックトークしたときに、その本がそこにあるから、子どもたちは手に取るのですから。間を空けてはいけません。そのときおもしろそうな本だなと思っても、それがすぐに手に入らなければ、しだいに興味は失せていきます。

できれば、図書室から教室に、たくさんの本を借りてきましょう。絵本あり、単行本あり、文庫ありと並べておけば、自分の読む力に応じて好きな本を選ぶことができます。

◆宮沢賢治ワールド

・**「ツェねずみ」**

全ての学年での読み聞かせができるお話です。自意識過剰で、すぐに他人に責任を求めて「まどうてくれ。まどうてくれ。(弁償してくれ)」というネズミのお話ですが、低学年はネズミに腹を立て、高学年は自分の中にある同じような心をちくりと刺激されます。

・**「よだかの星」「オツベルと象」「注文の多い料理店」「風の又三郎」**

これらは、中学の教科書にもたくさん載っているもので、テーマは深いものがあり、低学年には自力で読むには難しく、理解しにくいものです。全部を読み聞かせするのが、一番良いでしょう。長いお話は、毎日少しずつ読み聞かせると良いと思います。

・**「銀河鉄道の夜」**

途中で終わっている物語ですが、子どもの想像力を刺激する不思議なファンタジーです。

・**「雪わたり」**

この本は、ぜひとも読み聞かせしてほしいです。「しみ雪しんこ、かた雪かんこ」という言葉のひびきを子どもたちに味わってほしいものです。

・**「猫の事務所」「ふたごの星」「貝の火」「セロひきのゴーシュ」「どんぐりと山猫」**などは、絵本や文庫で出ています。賢治のやさしい世界を伝えたいものですね。

## ２　ただの紹介だけでは、読もうとまでは思わない

どうすれば本を読む子になるのでしょうか。という話をします。本を読む子にする方法は、ちゃんとあります。それを実行するかどうかだけなのです。子どもが読みたくなる本の薦め方がありま

す。僕が使ってきた本の薦め方を紹介します。

そんなやり方は邪道だと思われる方もいらっしゃるでしょうが、僕は、子どもが本を読むようになるためなら、ありとあらゆることをします。

どうしても子どもたちを本の世界へ誘いたいからです。それは、本を読むことが人生を豊かにすることだと知っているからです。

## (1) おいしいとこどり

僕はよく、話のクライマックスのちょっと前を紹介したり、短いお話は、一番盛り上がりかけたところまで読み聞かせして、そこでストップするということをします。

たとえば、『こどものすきなかみさま』(新美南吉著、谷内六郎絵、大日本図書)で、子どもたちと一緒に遊びたい神様が姿を消したまま仲間に加わるところで、子どもたちが相談して神様をつかまえる作戦を練るところがあります。そこまで読むのです。

「どんな手段でつかまえるんだろう」と、子どもたちの関心が高まります。そこで読むのを止めると、子どもたちは、

「えーっ。やめちゃうのー。」

「なんでこんなとこで切るのかな。」

「もっと読んでよ。」

と言いますが、僕は、

「続きは自分たちで読んでね。」

と、次の本の紹介に入るのです。

教室にその本をそのまま置いておけば、必ずといっていいほど、子どもたちは本を奪い合うようにして、読みます。

本の種類によっては、あらすじを言ってしまうことも、一つの方法です。あらすじを聞いて、読んでみたくなることもありますから。浜村淳さんの映画の紹介を聞いて、映画を見に行きたくなるのと、一緒です。

## (2)　スタートだけ読み

『宿題引き受け株式会社』（古田足日作、長野ヒデ子絵、理論社）は、長い話ですが、スタートがとてもおもしろいのです。小学生が自宅で宿題引き受け株式会社を開いているというのですから、

宿題に苦しむ子どもたちは、興味津々となります。

最初の数ページだけを読み聞かせすれば、多くの子どもたちが読もうとします。この話を読み切る子どもたちはその中の数人ですが、ブックトークは、きっかけづくりだと考えていますから、それで十分です。

### (3) 時事的、流行的なものは、興味を引きやすい

前述の『ホビットの冒険』のように、映画やドラマになっている作品なら読んでみようという気持ちになりやすいものです。それで手に取って読んでみたら、本の世界に引き込まれることもあります。実際、「ハリーポッターのシリーズは、映画よりも本の方がおもしろい」という子どもたちがたくさんいます。

僕は、映画のポスターなどを使って、そういう本たちを紹介します。言葉からイメージを描きにくい子どもたちには、入りやすい入口となります。

### (4) 一人一人に対応する

図書室で本が探せなくてうろうろしている子、いるでしょう。本が読めない子は何を読んでいいか分からない。ブックトークしても、気に入った本が見つけられない子どもが必ずいます。そういう子に、ぴったりの本を探してあげるのが、プロの教師というものです。

**「君にこんな本を選んでみたよ」と、特別な一冊を。**

結局は自由読書が一番楽しくて大切なものでしょう。しかし、本を読めない子どもは、自分でなかなか選べません。せっかく買ってもってきた本でも、最後まで読み続けられないときもあるのです。そこが、先生の出番。

「君にこんな本を選んでみたよ。」

と、特別な一冊を渡してあげると、子どもは喜んで読み始めるのではないでしょうか。

・**K君の例**…お母さんから、「四年生当初は本を読んでいたのですが、だんだんと読まなくなって、声をかけてもなかなかです。何かよい方法はないでしょうか」というお手紙を頂きました。そこで、まだ全員の子どもに紹介していない内田麟太郎作の『魔法の勉強はじめます』（童心社）をこの子に紹介しました。

「まだ、だれにも紹介していないんだよ」の一言が効きました。一晩でフォア文庫一冊を読んで「おもしろかった」と持ってきたので、次は「この二冊で気に入った方を読んでごらん」と、以前にブックトークした『ムーミン谷の冬』（ヤンソン作・絵、山室静訳、講談社）と『チョコレート戦争』（大石真作、北田卓史絵、理論社）の二冊を渡しました。数日して、ふと朝の読書のときに見たら、ブックトークで紹介した『タイムマシン』（H・G・ウェルズ作、金原瑞人訳、岩波書店）を買ってきて読んでいました。特別な一冊は、効果てきめんです。

## 3　アニマシオンの活用――「ブックワールド探偵帳」

アニマシオンは、簡単に言うと、本の世界を楽しむ方法です。教科指導、読書指導という枠を取り払って、さまざまな形で本の世界を自由に楽しむものだと考えています。その一つとして、「ブックワールド探偵帳」を紹介しましょう。本のクイズをたくさん作って、冊子を作り、子どもたちにグループで答えを見つけ出させるというものです。

まさしく、本の世界を探検することになります。

ここでも、絵本や低学年の絵物語から、単行本や文庫に至るまで、いろいろなレベルの本から出題するのが良いでしょう。全員に高すぎるハードルを初めから上に設定することのないようにしましょう。

「ブックワールド探偵帳」は、点数をつけないので、全部できなくてもそれなりに楽しめます。これをきっかけにして、本の世界へ入っていった子どもたちが何人もいました。

問題の例を次に二つあげます。

No.1

シャーロックホームズのひみつをさぐろう。

①シャーロックホームズのとくちょうを３つ見つけよう。
②シャーロックホームズのライバルは、だれかな？
③ワトソンの職業は？
④シャーロックホームズがなくなったとされる場所はどこ？
⑤レストレイドは、どこの警視庁の刑事かな？

No.2

ベルヌのひみつをさぐろう。

①ジュール・ベルヌの作品で、最近映画になったのは、何か？
②ジュール・ベルヌが死んでから、およそ何年たっているか？
③「地底旅行」の舞台となったのは、何という国か？
④ノーチラス号って何？
⑤「地底旅行」の主人公はだれか？
⑥ジュール・ベルヌが始めたと言われる冒険科学小説のことをアルファベット２文字で何というか？

＊答えは，55 頁に載っています。
＊このほかにも，共著『教室で家庭でめっちゃ楽しく学べる国語のネタ 63』（黎明書房）でも，アニマシオンの具体例をいくつか紹介しています。

## 4 マイ・フェイヴァリット・ブック――音楽を選ぶ楽しさも

これは、いくつかの単元を組み合わせて総合単元学習として実施しました。次のような教科書の二つの単元を合わせるのです。

●「こんなこと、したいな」……話す・聞く・書く……一年間にわたっていろいろなことを紹介する単元。

●「本の世界を広げよう［どの本読もうかな］」……ポスターをかいて作品を紹介する単元。

指導計画

① 先生の例を元にして、紹介したい本を選んで、それに合った曲を考える。
② 紹介の文を原稿用紙一枚にまとめる。
③ 曲をかけて読む練習をし、発表する。
④ 学期に一回ずつ本を選んで、発表する。

本のイメージに合った曲をつけるために、お母さんと一緒になって、いろんな曲を聴きながら、本にぴったり合う曲を探していった子どもたちもいました。曲の選択が、家族の会話にもつながっていきました。子どもたちの選んだ曲は、だいたいその本の世界と類似したものになっていました。子どもなりに本を読み取り、感じ取って、表現しているように感じました。

## 5　家庭での本の薦め方

### (1)　「積《つ》ん読《どく》」のススメ

本を読む習慣をつくるためには、いつも本がそばにあるということが大切です。

僕は、寝るとき、枕の近くに本を何冊か「積ん読」しておかないと寝られないんです。だいたい、推理小説、教育書、新書など、十冊以上が枕元に積んであります。

ほとんど読まないときが多いのですが、本があると安心するんですね。読まない本を積ん読する

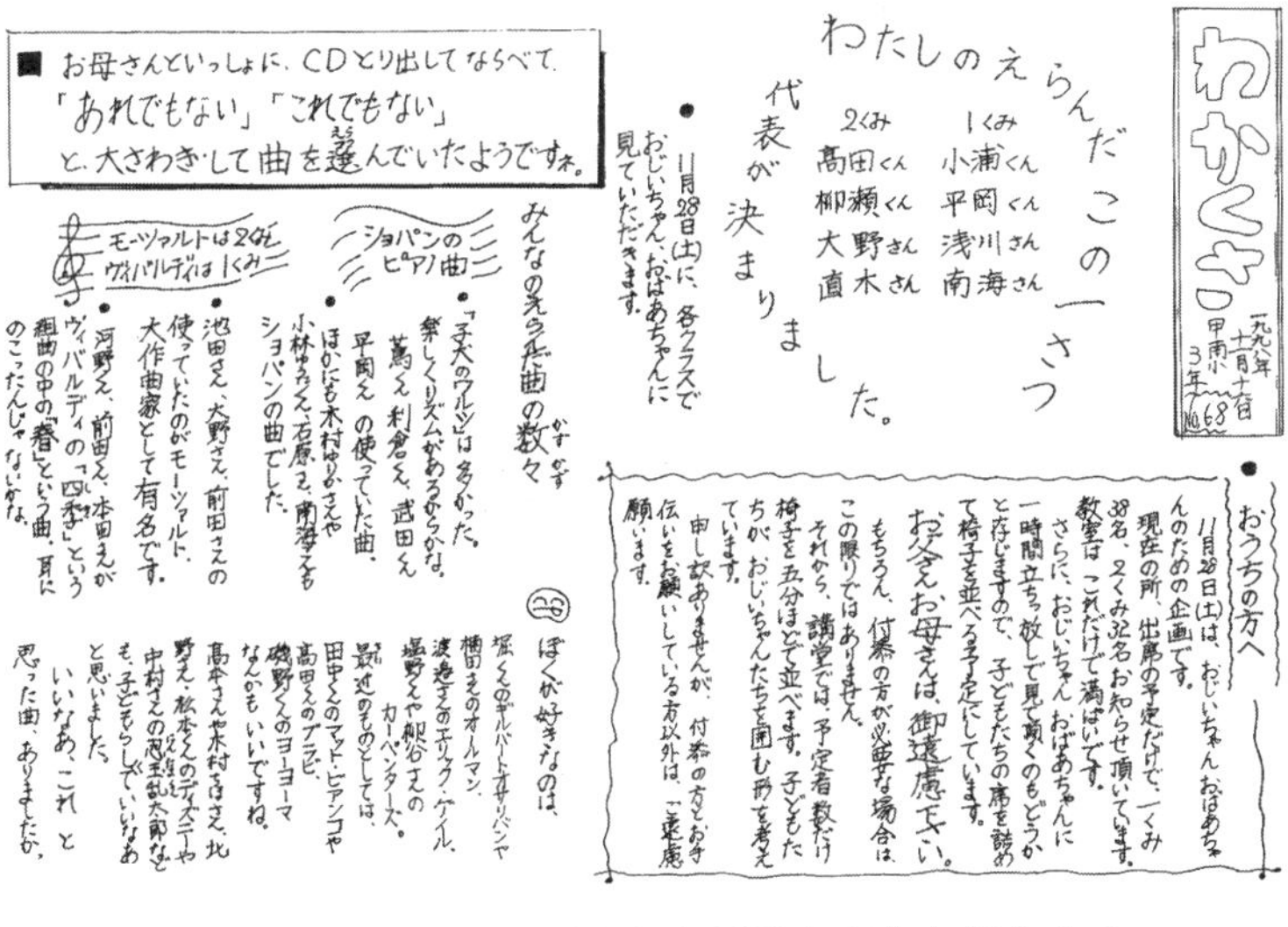

わかくさ
一九九八年十一月十六日
甲南小3年1組
No.68

わたしのえらんだこの一さつ
代表が決まりました。

| 1くみ | 2くみ |
| --- | --- |
| 小浦くん | 高田くん |
| 平岡くん | 柳瀬くん |
| 浅川さん | 大野さん |
| 南海さん | 直木さん |

● 11月28日(土)に、各クラスでおじいちゃん、おばあちゃんに見ていただきます。

● おうちの方へ

11月28日(土)は、おじいちゃんおばあちゃんのための企画です。

現在の所、出席の予定だけで、1くみ38名、2くみ32名お知らせ頂いています。教室はこれだけで満ぱいです。

さらに、おじいちゃんおばあちゃんに一時間立ちっ放しで見て頂くのもどうかと存じますので、子どもたちの席を詰めて椅子を並べる予定にしています。

お父さんお母さんは、御遠慮下さい。

もちろん、付添の方が必要な場合は、この限りではありません。

それから、講堂では、予定者数だけ椅子を五分ほどで並べます。子どもたちが、おじいちゃんたちを囲む形を考えています。

申し訳ありませんが、付添の方とお手伝いをお願いしている方以外は、ご遠慮願います。

■ お母さんといっしょに、CDとり出してならべて「あれでもない」「これでもない」と、大さわぎして曲を選《えら》んでいたようですね。

みんなの選んだ曲の数々《かずかず》

ショパンのピアノ曲

●「子犬のワルツ」は多かった。楽しくリズムがあるからかな。葛くん、利倉くん、武田くん、平岡くんの使っていた曲。

● ほかにも木村ゆりかさんや小林ゆうたくん、石原さん、南海さんもショパンの曲でした。

モーツァルトは2くみ　ヴィバルディは1くみ

● 池田さん、大野さん、前田さんの使っていたのがモーツァルト。大作曲家として有名です。

● 河野くん、前田くん、本田くんがヴィバルディの「四季」という組曲の中の「春」という曲。耳にのこったんじゃないかな。

ぼくが好きなのは、

堀くんのギルバート・オサリバンや横田さんのオールマン、渡邉さんのエリック・ケイル、堀野くんや桝谷さんのカーペンターズ。

最近のものとしては、田中くんのマット・ビアンコや高田くんのアラビ、磯野くんのヨーヨーマなんかもいいですね。

高本さんや木村さなえさん、北野さん・松本くんのディズニーや中村さんの忍玉乱太郎なども、子どもらしでいいなあと思いました。

いいなあ、これと思った曲、ありましたか。

クラスだよりで，子どもたちが選んだ曲を紹介する

だけでもいいのです。そこらじゅうに「積ん読」のある家は、実は、本をたくさん読む家ですね。積んでいる本の中から、ふとしたときに手に取って読み始めることだって、あります。そのときの自分の心情や考えるべき課題と一致した、というようなこともあるのです。

「積ん読」も読書の一つだと考えています。ガラス張りの大きな本棚に、立派な文学全集が並んでいても、その本を手に取ろうとは思いません。本はいつも手元にいるということが必要です。

## (2) 「共読」の時間を作ろう

読むための時間を確保するということです。本を読むための時間を確保しないで、

「うちの子は本を読まないんですが……。」

とおっしゃるおうちの方々が、時々いらっしゃいます。

親の読む姿が子どもの読書への誘い水になります。一日二十分ぐらい読書タイムにして、家族で読めばどうでしょう。いや、毎日でなくていいのです。週に一、二回でいいのです。一緒に読む共読の時間にしたらどうですかと、僕は奨めます。

51ページの答え

No.1　①ハンチング、背が高い、薬物依存、ヴァイオリン、わし鼻他　②モリアーティ　③医者　④ライヘンバッハ滝　⑤ロンドン

No.2　①タイムマシン　②約110年　③アイスランド　④原子力潜水艦　⑤リーデンブロック　⑥SF

# 第5章

# 絵本の世界から子どもが分かる

絵本の世界の多くはフィクションですが、優れた絵本には、そこに子どもたちの真の姿が描かれています。

絵本の主人公は、ときにはこうさぎのような動物であったり、葉っぱのような植物や機関車のような機械であったりしますが、人間と同じように描かれて、そこには子どもの真の姿が表されているのです。

絵本は子どもが楽しむだけのものではありません。大人も楽しめます。そして、そこから子どもたちの姿を理解していくことができるのです。そんな子どもの姿を読み取れる本たちを紹介します。

## 1　抱きしめてよ、お母さん

『ぎゅっ』（ジェズ・オールバラ作、徳間書店）

**『だきしめてほしくって』（カール・ノラック文、クロード・デュボワ絵、河野万里子訳、ほるぷ出版）**

子どもたちは、いつも親に強く抱きしめられること、ふんわりと優しく包み込んでくれることを、望んでいます。

それらが得られない子どもは、不安になって、落ち着きません。

この二冊の本は、子どものそういう気持ちをよく表現しています。読むと、必ずわが子を抱きしめたくなる、そんな本たちです。

## ２　夢を持ち続けるということ

**『サンタクロースっているんでしょうか？』（ニューヨーク・サン新聞［社説］、東逸子絵、中村妙子訳、偕成社）**

だれでも知っている話です。ニューヨークのサン誌の記者が、バージニアという八歳の子どもの問いかけに答えた、有名な社説です。サンタクロースがいないというのなら、不思議なことは全て信じられなくなる、目に見えないことを信じる心が、いろんな世界の扉を開けるということを語った名文です。

僕はよく、目に見えないものは、大切なものばかりだ、と言います。愛、友情、信頼、思いやり、情け、希望、みんな目に見えません。みんな、そういうものがあると、信じているだけなんです。目に見えないものを信じられなくなったら、夢なんて、見られませんよ。

低学年の子どもたちが、ときどきこう言ってきます。

「先生、サンタさんって、いるの。」

「M君が、サンタさんなんかいないって言うんだよ。」

僕は、いつも、こう答えます。

「いると信じている子どもにだけ、サンタさんは来てくれるんだよ。」

って。

僕は、できるだけ長く、サンタクロースを信じる心って、大事にしたいと思っています。早くから「そんなものはないんだよ」なんて言い切っている子どもが、幸せな夢を見られるとは、思えないからです。

夢を見る心は、見えないものを信じられる心。そう考えています。

## 3　LDの子どもの考え方を知る

**『ありがとう　フォルカーせんせい』（パトリシア・ポラッコ作・絵、香咲弥須子訳、岩崎書店）**

この本は、LD児であった作者自身の体験を元に描かれた本です。主人公のトリシャは、字が読めません。書けません。そのためにいじめにあい、つらい学校生活をおくります。ところが、五年生のときに担任したフォルカー先生は、彼女を守り、そして、トリシャの可能性に気がつくのです。そこから、彼女の人生が変わりました。

僕は、ＬＤ児だけでなく、どんな子どもに対しても、あきらめずにその子らしさを見つめていくことが大切だと思っています。

**あきらめたら、そこで教育は終わるのです。**

でも、残念ながら、こういう子どもたちに無理解な教師もいます。悪いことしたから病気になったのだという子どもたちも、そう教えるおうちの方もいます。障碍のある子どもたちを「ガイジ」と呼んで、障碍者を差別する子どもたちがいます。

そんな悪いムードの流れる教室では、ＬＤ児に対して、「さぼりだ」とか「頭が悪い」「おかしなやつだ」などとレッテルを貼ってしまうことがあります。いじめにもつながるし、ＬＤ児から可能性を奪っていきます。

この本は先生たちには、ぜひ読んでもらいたい一冊です。フォルカー先生のような心を持つ先生が増えたら、子どもたちの可能性が、きっと広がるだろうと思います。

## 4　子どもはいつも、よく考えている

最近、よく読まれていて、課題図書にもなった絵本があります。**『おこだでませんように』（くすのきしげのり作、石井聖岳絵、小学館）**

主人公は、いわゆるやんちゃで元気な子どもです。

だから、先生やお母さんにおこられてばっかりです。この子なりに一生懸命に考えて生きているのに、大人にはわかってもらえません。そして、七夕の短冊に書いたのが「おこだでませんように」という心の叫びでした。

問題行動を起こしていると言われる子どもたちのほとんどが、なんらかの意味を持ってその言動をしています。「悪い子」あつかいをされている子どもにも言い分があり、思いがあるのです。大人は、そのことを決して忘れてはいけません。

「この子の思いは、どこにあるんだろうか」

という気持ちで、子どもをみつめることが大切です。

## 5　土のぬくもりを感じる子ども

**『どろんここぶた』**（**アーノルド・ローベル作、岸田衿子訳、文化出版局**）

どろんこにつかることの好きなこぶたがいました。そのどろんこをおかみさんがそうじしてしまったために、こぶたは怒って家出します。いろいろ冒険して、最後は、固まる前のコンクリートを見つけて、どろんこのようにとっぷりとつかります。

こぶたは、子どもそのものです。

娘が幼いころのことです。家の隣にある公園で、よく遊んでいました。公園のブランコって、ブランコの下の地面がぼこっとえぐれているでしょう。雨が降ったらそこに水がたまって、どろんこになっていました。

ある日、ふと見ると、娘がそのどろんこの中に、まるで温泉にでもつかっているような感じでどっぷりとつかっていました。そのときの幸せそうな顔を今でも忘れることはできません。

子どもは、どろんこのぬくもりが大好きなんですね。

# 第6章

# 「本の体験」という世界

## 1　本には、子どもに必要なものが、全部つまっている

現代の子どもたちは直接体験が少ないですね。山の中へ好きなようにどんどん入っていって、暗くなるまで遊んでいた時代とは違うのです。幼い子どもがお使いに出かけることも危険な世の中になってきました。自然も社会生活も体験しにくくなってきているのです。

本の世界は、そうした現代の子どもたちにさまざまな体験を用意してくれます。

絵本や物語を読む子どもたちは、人物に同化して、本の中での体験を味わいます。場面場面で登場人物が感じたことは、子どもたちにとっては、直接体験に近い、心の体験になっていくのです。中学年までの子どもたちは、物事をあまり客観的に見ることができません。大人が感じているよりも、ずっと直接体験に近くなっているのです。

本の中には、子どもたちが実生活で体験できないたくさんのものが、いっぱい詰まっています。本を読むだけで、心理的な体験は増えていくのだと、僕は考えています。

## 2 本の選び方

では、子どもたちは、どんな本を選べばよいのでしょうか。一言で言うと、良い本を薦めてください、ということです。

まず、子どもに与える本は、大人が責任を持って選ぶべきだと、僕は考えています。もちろん、読書は自由なものですから、子どもが自分で選ぶ本はどんな本であっても否定はしません。

しかし、あえて教師が子どもに薦める本は、しっかりとした見識を持って選びたいと思うのです。

### (1) 夢・希望・友情などの真善美のあるものを

今の世の中には、激しいもの、醜い物、弱者をからかって楽しむものなどが氾濫しています。放っておけば、そういうものばかりに、子どもたちは触れてしまいます。夢や希望、友情など、時代が変わっても変わることのない大切なものを「真善美」と呼びます。

現代社会で、子供たちにそういう大切なことをどういう形で伝えられるでしょうか。本を通してでないと、なかなか伝えられないものがあります。

## (2) 特に幼児や低学年では、美しいものを与えたい

宝石を鑑定する力は、本物の宝石を見続けた者だけがつかめます。ダイヤの本物を鑑定するには、偽物のダイヤをいくら見せてもだめなのです。本物のダイヤをしっかりと見たものだけが、偽物と本物を見極められるのだそうです。

料理の舌も同じです。おいしいものを食べている人は、口が肥えてくるでしょう？　舌がしっかりしていると、美味しい料理が作れるものです。

同じように、小さいころに、本物の美しい心を見て育った子どもは、大きくなって、醜い心を自然とさけるようになっていくのではないでしょうか。

だから、まず、美しい物です。

人間の醜さは、低学年にはあまり必要がないのではないでしょうか。高学年でも、最後に希望のない作品は子どもに薦めたくありません。絶望は、子どもには必要ないものです。

大人が読んで感動する作品の中に、人間の醜さを強く子どもの心に残す作品があります。

たとえば、『島ひきおに』（山下明生文、梶山俊夫絵、偕成社）という作品があります。良いお話なんですよ。

教科書にも載っていました。みかけは怖くて醜い鬼だけど、とても優しくて、島を引っ張りながら、自分と遊んでくれる人間を捜している、そんな鬼の話です。人間たちは、鬼なんかと一緒にや

れるもんかと、かなりあくどい手を使って鬼をだまし、追い払うのです。

三年生の子どもたちとこの話を読んでいたとき、子どもたちは、人間たちのあくどい姿を読んでも、一生懸命、それを人間的に良いものとして解釈しようとしていました。

三年生ぐらいの子どもは、いつも明るくて安心できることを捜しているんだなあと、そのとき、思いました。ところが、そう思って読めば読むほど、人間の醜さやエゴばかりが見えてくるのです。この話を読んだら、低学年の子どもたちの心に何が残ると思いますか。人は信じられないものだという思いが心の奥底に残るのです。

人間の醜さもいずれは学んでいかねばなりません。でも、それは、九歳の壁を越えてからで良いのです。小さい頃に、汚い心や人の醜さを心の中にたくさん入れた子どもの人生が豊かになるとは、思えませんね。

同じ理由で、僕は『フランダースの犬』、素晴らしい感動的作品ですよね、それを低学年の子どもには決して薦めません。

本を薦めるときは、子どもたちの心の奥底に何が残るかをいつも考える必要があります。

## (3) 今どきの子どもに合った本でないといけません

### ●昔の感動を押し売りしないこと

昔読んで感動した本でも、もう一度、今の子どもたちを頭において読み直してください。今の子どもが、その本を読んだだけで、理解できるのでしょうか。読み直して、やはりこの本は子どもに薦めたいと思ったら、子どもたちに示せばよいと思いますが、合わない本もあるということは、覚えておきましょう。

## ●主人公は、優等生ではない

昔の子どもの本の主人公は、優等生が多かったのです。強くて心のやさしい、桃太郎。貧しく、いじめにあっても、がんばって人を助ける小公女セーラ。今どき、「そんなやつおらんで。」と子どもたちに思われるかも知れないくらい、優等生の理想像が出てきます。

今のヒーローは、完璧な優等生ではありません。そういう優等生は、「私たちとは関係ない人だ」という感じになってしまうのです。子どもたちはよく知っています、完璧な人間なんていないことを。

子どもに人気のマドレーヌやおさるのジョージは、決していい子ではありません。だからこそ、今の子どもたちがすうっと同化していけるのです。

## ●今の現実をふまえた物語を

今の社会の現実があって、子どもたちは、その中で生きています。高学年の子どもたちには、今の現実をふまえた物語でないと、生きて子どもに働きません。

しかし、本の中には、厳しい現実の中でも、勇気があったり、信じる人がいたりします。『クローディアの秘密』（松永ふみ子訳、岩波書店）に代表される現代アメリカの児童文学家、カニグズバーグは、ピアプレッシャー（後注）に苦しむ子どもたちのことをいくつか描いていますが、でも、つらいしんどい物語では終わりません。本の中には信じることのできる人がいるのです。

**【ピアプレッシャー】**

元々は「仲間からの圧力」という意味で、思春期の子どもに見られる仲間意識を指している。友だちと違うことができない、いっしょにしないと自分は外される、というような同調圧力がかかる。

## 3　「本の体験」の具体例——こんなときは、この本で！

①　命の教育、生き抜くということ
②　ものの見方を考え直すきっかけ
③　癒されるということ
④　子どもが立ち上がるとき
⑤　勇気って、何？
⑥　友情は心地よい
⑦　本当の優しさ
⑧　夢を育む
⑨　震災を語り継ぐ
⑩　自分って、何？

⑪　家族を見つめ直す
⑫　笑いとユーモアこそ、人生
⑬　美しいものを見る
⑭　避けて通れない「戦争」
⑮　生き方を考える
⑯　いじめを知るということ
⑰　障碍《しょうがい》への理解
⑱　世界へ目を向ける
⑲　働くことの尊さ
⑳　番外編——お母さんお父さんへのメッセージ

① **命の教育、生き抜くということ**

『わすれられないおくりもの』（バーレイ作・絵、小川仁央訳、評論社）
『アハメドくんのいのちのリレー』（鎌田實著、安藤俊彦画、集英社）

命の大切さは、生きることだけを考えてはいけません。死ぬことも一緒に考えてこそ「命」です。僕は「生命」と書いて「いのち」と読むようにしています。生まれてから死ぬまでが「生命」です。我々は生まれたときからいつかは死ぬということを背負っているわけです。人はみんな必ず死んでしまうからこそ、今生きていることがすばらしい輝きを持つのだと、僕は思っています。

**『わすれられないおくりもの』**

賢くて動物たちに慕われていた年老いたアナグマが、旅立ってしまいます。動物たちは、最初悲しむのですが、冬の間にアナグマの残してくれた宝物に気づき、春を迎えるときには、アナグマの死を受け入れて楽しく動き出します。

絵のタッチが、この絵本を流れるあたたかさを、引き立ててくれます。まさしく、絵本としての美しさのあるものです。

**『アハメドくんのいのちのリレー』**

イスラエルの兵士に銃撃されて命を落としたパレスチナ人、アハメドくんの心臓は、イスラエル人の女の子に移植されました。家族と親族、部族の複雑な思いの上に出された尊い決断でした。

「どうしてそんなことができるのだろうか」

という思いを抱いて、鎌田實さんは、パレスチナとイスラエルの地を訪れ、二つの家族に出会います。

アハメドくんの心臓は、イスラエルの少女の中で命のバトンをつないでいるのです。少女が、医師になって、二つの民族の橋渡しになりたいという思いを語ります。単なる二つの民族の抗争という二元論ではなく、もっといろいろな要素が絡み合っていること。過激派の部族長が、自分たちが平和を求めているという証だと、移植に賛成したこと。この地域に対する考えにも、一石を投じる作品だと思います。

「人は、憎しみを横におくことができる。」

という言葉が、命の輝きの美しさと共に、胸に迫ってきます。

② ものの見方を考え直すきっかけ

『けしごむくん』（二宮由紀子作、矢島秀之絵、ひかりのくに）
『ほんとうのことをいってもいいの？』（パトリシア・マキサック文、ジゼル・ポター絵、福本由紀子訳、ＢＬ出版）
『ハンタイおばけ』（トム・マックレイ文、エレナ・オドリオゾーラ絵、青山南訳、光村教育図書）

子どもたちに「こんな風な考え方もしてほしいなあ」と思うときがあるでしょう。でも、直截的に子どもにそう伝えても、なかなか伝わりにくいものです。絵本は、子どもたちに、自分で考える機会を与えてくれるものだと考えています。

**『けしごむくん』**

まちがいを絶対にしないけしごむくんは、えんぴつくんや色えんぴつくんたちの失敗の後始末に、消して回ります。「まちがいをしないように」と、えんぴつくんたちを厳しく注意したら、えんぴつくんたちはまちがいをしないための勉強会を開いて、外へ出なくなりました。

そんなときに出会った白色の色えんぴつくんが、けしごむくんの考え方を大きく変えてくれるのです。真っ白な画用紙をけしごむくんに見せて、何が描いてあるのかなって、たずねるのです。
楽しくユーモラスな挿絵を通して子どもたちに伝わるメッセージがあります。

**『ほんとうのことをいってもいいの？』**

お母さんにウソをついたために苦しんだリビーは、本当のことを言おうと決意します。ところが、ＴＰＯ抜きで何でも本当のことを言ってしまうので、友人たちから疎外されてしまうのです。何がなんだか分からなくなって、悩みます。

あるとき、自分の馬に対して「本当のこと」を言われて傷ついたときに、はっと気がつくのです。初めて自分のしたことの意味を悟るのです。

正しいことを言うとは、どういうことなのか。どうするのが良いのか。中学年以上の子どもたちが葛藤することを、そのまま絵本の世界が表現しています。

**『ハンタイおばけ』**

突然現れたハンタイおばけ。言ったこと思ったことが全て反対になってしまいます。困ったネイトは、発想を変えることで、ハンタイおばけを困らせていきます。子どもたちが大好きな絵本です。

③ **癒されるということ**

『なきすぎてはいけない』（内田麟太郎作、たかすかずみ絵、岩崎書店）
『1000の風　1000のチェロ』（いせひでこ作、偕成社）

「癒し」ということがよく言われます。なぜ癒しが必要なのでしょうか。

それは、現代人の心が傷みやすい状態にあるからです。

多くの方が、時間に追われています。子どもも親も。三日間、なんにもしないでのんびりと過ごしたことって、ないでしょう。また、ストレスの多い時代です。いつでもどこでも、三歩歩いたらストレスにぶつかります。そういう時代なのです。

傷んだ髪の毛は、トリートメントとブラッシングによって、ケアします。傷んだ心は、ヒーリングによって、ケアするのです。

傷ついた心は、なかなか大変です。うまくケアしないと、トラウマになって残ることもあります。心の傷というものは、鬱になったり、体に症状が出たりするものです。

そうなる前のトリートメントが、癒すということです。

**『なきすぎてはいけない』**

「泣いてもいい。でも、なきすぎては、いけない。」

亡くなったおじいさんから、孫に語られる言葉に、心が癒されるような思いがします。それは、絵と言葉の発するあたたかさなのでしょう。

成長しながら、少しずつおじいさんのことを偲んでいく孫の姿。年をとって自分にも孫ができたときまで、ずっと見守っているおじいさんの思い。そういうものが、美しい光に包まれたような絵と、優しい言葉を通じて、静かに心にしみ入ってきます。

**『１０００の風　１０００のチェロ』**

阪神大震災復興支援の「千人のチェロコンサート」に、作者自身が参加してチェロを奏でながら感じたことを絵本にしたものです。

人の心は、響き合ったり重ね合ったりすることができます。それは、楽器と楽器を重ねて演奏することと同じで、それぞれの思いが一つの思いとなっていくという、美しいときです。

人間の思いは決して風化することはありません。ただ、生き残った人たちは、失った者の気持ちを心の中に取り込んで同化させていくのですね。

亡くなった方の心を自分の心に重ねることも、似たような気持ちを抱いた人に寄り添っていくことで心を重ねることも、人生の大切な営みだと思います。思いを重ねることは、癒しにつながります。

## ④ 子どもが立ち上がるとき

『オール1の落ちこぼれ、教師になる』（宮本延春著、角川書店）

一年生の頃には、なんでもできると信じていた子どもたちも、高学年になるにつれて、しだいに自分の可能性に疑問を持つようになってきます。それが己を知ることであれば良いのですが、まだ可能性がたくさんあるのに、自分で「僕はできない」と、ストップさせてしまうのです。

できない体験を積み重ねてきたからでしょうか。大人が「お前はできない」と、レッテルを貼り付けてしまったのでしょうか。

「どうせ僕はだめだから……。」

というような哀しい言葉を口にする子どもも出てきます。

一二歳なんて、まだまだ人生のスタートにすぎません。高学年の子どもたちには、少々挫折しても、自分でもう一度立ち上がれるんだ、というメッセージを伝えたいですね。

**『オール1の落ちこぼれ、教師になる』**

僕は、この本を高学年の子どもたちにこう言って紹介します。

「自分のことを成績が悪いからだめだなとか、自分は賢くないから、何をやってもだめなんだ、なんて思っている人が、いるのではありませんか。

でも、全教科がオール1。そんなすごい成績の人は、だれもいないでしょう。1や2なんて、多賀先生だって、高校のときに、たくさん取っていましたよ。この本の作者の宮本さんは、本当にオール1だったんです、中学のときに。九九もほとんどできません。漢字は自分の名前しか書けません。そんな人はいないでしょう。

しかも、宮本さんは、お父さんもお母さんも早くに亡くして、兄弟も親戚もいなくて、本当の一人ぼっちでした。

おまけに、小学校のころから、ずうっといじめられていました。

さらに、とても貧乏で、ティッシュペーパーにマヨネーズをつけて食べたことも、あったんです。

そこまでつらい状態の人がいますか。だのに、宮本さんは、高校の教師、それも、数学の先生になってしまったのです。どういうことなんでしょうね。何があったのでしょうか。」

そう語って、この本を紹介します。

ちなみに、この本は、角川書店から清水洋三さんの漫画でも出版されています。活字を読むのがしんどいけれども、知りたいと思う子どもには、漫画本が読みやすくていいと思います。

## ⑤ 勇気って、何？

『ラチとライオン』（マレーク・ベロニカ文・絵、徳永康元訳、福音館書店）
『はてしない物語』（ミヒャエル・エンデ作、上田真而子・佐藤真理子訳、岩波書店）

勇気とは、なんでしょうか。戦うことだけが勇気だとしたら、力の弱い子どもは、結局は力負けするのだから、勇気など持てません。僕は、子どもたちに「大事な人や大切なものを守るために必死になる心があれば、それが勇気なんだよ」と、言います。

**『ラチとライオン』**

この古典的な小さな絵本は、勇気のありかというものを、子どもたちに教えてくれます。

赤い強いライオンがいてくれるから勇気を出せるラチくん。彼には何かあったときにはいつも、ライオンが後ろについていてくれました。

でも、ある日、ライオンは最後まで現れてくれませんでした。自分一人で勇気を出すしかありませんでした。

勇気は、誰かの力を借りていたから出せるものではなくて、自分自身の中からわいてくるものだということを、示唆してくれる絵本です。

**『ネバーエンディングストーリー』（日本名『はてしない物語』）**

この話は、僕に言わせれば『ハリーポッター』よりも、ずうっとおもしろい長編物語です。映画にもなりましたね。登場するユニークなキャラクターや不思議な冒険の世界に、長さを感じずに引き込まれてしまう子どもたちもたくさんいました。

もともとの話では、主人公のバスチアンはふとっちょのいじめられっ子です。映画では、かわいい美少年になっています。これではだめなのです。

この話の中で、主人公バスチアンは凄い力を持ってしまい、調子にのって、めちゃくちゃにその権力を使うようになります。それによって、親友になったアトレーユとも戦うことになります。

ところが、真実の鏡というものがあって、そこに、自分の本当の姿が映るのです。本当の自分の姿を見て、そこから、本当の自分の勇気や力を考えていくようになるのです。

格好いい、特別な力を持ったヒーローではなくて、ただのいじめられっ子が歩みだすからこそ、うそくさくない、リアリティのあるファンタジーになっています。

この本は、決して軽い話ではありません。しかし、この本を読んだ子どもたちに、自信のない子どもたちに、勇気を与えてくれる本なのです。

なお、できれば、文庫本ではなく、単行本をお薦めします。活字の色で表現するという独特の手法の本だからです。

## ⑥ 友情は心地よい

『ともだち』（ヘルメ・ハイネ作・絵、池田香代子訳、ほるぷ出版）
『ルドルフとイッパイアッテナ』（斉藤洋作、杉浦範茂絵、講談社）

友だちというものに子どもたちは悩みます。つきあいの難しさにあせる子どももいます。どう友だちと接したらいいか、分からない子どももいます。特に中学年ぐらいから壁にぶつかる子どもたちも出てきます。

本の世界は、そういうさまざまな子どもたちの課題や悩みにどこかで答えてくれるものです。しかも、その語り口調も本によってみんな違いますから、子どもたちは自分に合った語り口調、自分のほしい言葉の書かれた本を選んでいけば良いのです。そのために、さまざまな方向から、友だちについて書かれた本たちを子どもたちに紹介してください。

**『ともだち』**

絵の力をこれほど見せつけてくれる絵本はありません。ブタ、ニワトリ、ネズミのいたずらっ子三人が、おバカなことをして遊びまわっては笑っているだけの絵本なのですが、この三人の表情を見ているだけで、

「友だちって、いいなあ。」

「友だちといると、こんなに幸せになれるんだ。」

という思いにさせてくれます。

子どもたちと、できるだけ近い距離で読み聞かせて、絵こそを楽しんでほしい絵本です。


**『ルドルフとイッパイアッテナ』**


ふとしたことから、飼い猫から野良猫へと転身してしまったルドルフ。野良猫の大先輩イッパイアッテナと出会って、友情が生まれます。

イッパイアッテナは野良だけれども、「大切なこと」をたくさん知っているのです。

「人には、どう接していくべきなのか」

「友だちとは、何か」

そんな大きなテーマをイッパイアッテナは、ときには優しく、ときには叱り飛ばして、ルドルフに教えてくれます。

子どもたちに友だちとのあり方を具体的に伝えてくれる本です。分厚い本ですが、読みやすくて、子どもたちは、手に取りさえすれば、読み込んでいくでしょう。

⑦ 本当の優しさ

『ムギと王さま』（ファージョン作、石井桃子訳、岩波書店）
『いすがにげた』（森山京作、スズキコージ絵、ポプラ社）

優しさの定義は、人によって違います。ここに挙げた二冊は、僕が本当の優しさを感じさせてくれると思う本たちです。

**『ムギと王さま』**

『ガラスの靴』などで有名なエリノア・ファージョンのオムニバス形式の童話集です。文庫ではなく、分厚い単行本がおススメです。単行本の方にしか、「親切な地主さん」という物語が入っていないからです。この話をぜひ子どもたちに読み聞かせてほしいと思います。

大金持ちのけちん坊地主が、孫と二人で暮らすことになり、その孫の心の美しさに引き寄せられていきます。そして、村中の困った人たちを、孫に言われるままに助けていったため、地主が亡くなった時は、一文無しになっていました。でも、村人たちは、その親切な地主さんの孫を、村全体の子どもとして、大切にするのです。

心のあたたかくなるお話です。

表題の「ムギと王さま」も、人間が大切にするべきものは何かということを、感動的に伝えてくれる秀作です。

**『いすがにげた』**

最近、世界的に通用するだろうといわれている（誰が言っているのかといわれると、特定できませんが）絵本画家の一人が、スズキコージさんです。

『いすがにげた』は、そのスズキコージさん挿絵の、心に迫るあたたかい絵本です。

おばあさんの長年座ってきた椅子が逃げ出して、おばあさんは、探し回って追いかけていきます。やっとつかまえて一息いれたとき、おばあさんは椅子との思い出を思い浮かべます。おじいさんからもらった椅子。自分の人生とともに歩んできた椅子。さまざまな思い出が走馬灯のように浮かんできます。

そして、おばあさんは、長い間、共に歩んできた椅子に、

「御苦労さま」

と、声をかけて、自由に解き放つのです。

ラストシーンは感動的で、人生というものを振り返らせてくれる逸品です。

大人こそが読む意義の深い絵本だと思いますが、強烈な絵が、きっと子どもたちの心にも深いところで何かを残していくだろうと思います。

## ⑧ 夢を育む

『ふでばこのなかのキルル』（松成真理子著、白泉社）
『ほんとうの空色』（バラージュ作、徳永康元訳、岩波書店）
『てん』（ピーター・レイノルズ作、谷川俊太郎訳、あすなろ書房）

幼いころ、子どもたちは、たくさんの夢を持ちきれないほどに持っています。なのに、学年が上がるにつれて、しだいに夢が薄くなったり、なくなったりしたように見えてきます。現実というものに、おしつぶされるからでしょうか。

夢を育むのは、不思議な力を信じる心です。「きっとかなうよ」「できるかも知れないね」というような漠然とした気持ちです。夢って、そういうものではありませんか。

**『ふでばこのなかのキルル』**

おじいちゃんのふでばこの中で見つけた、小さな小さな龍。「ぼく」は、たちまち仲良しになります。なんと、この龍は、五十年以上も前に、おじいちゃんと約束を交わした優しい龍だったのです。

最後、心に静かな感動をわき起こす作品です。読み聞かせしたら、大人も子どもも涙を浮かべつつ、優しい表情になっていきます。

僕のいち押しの絵本作家、松成真理子さんの何とも言えないあたたかい絵が、作品全体を包み込んでいます。

**『ほんとうの空色』**

ある日、一瞬だけ現れる不思議な花畑で手に入れた本当の空色。晴れの日は、太陽が差し込んで、周りを暖め、雨の日は、ざあざあと降り込んで、あたりが濡れてしまう、不思議な色です。

不思議な世界に浸りながらも、読み手は、主人公と共に成長を間接経験していくのです。

「児童文学とは、こういうものじゃないか」と、僕は、思っています。

**『てん』**

お絵かき大嫌いの少女ワシテが、やけくそのように描いた一つの「点」。先生に見事に褒められたことから、ワシテの世界が花開いていきます。

子どもは、この絵本から自分の可能性を考えるかもしれません。大人は、子どもを見る視点というものを考え直させられます。

⑨ **震災を語り継ぐ**

『ミヨちゃん』（玉川侑香文、森田美智子絵、比良出版 ☎〇四八 - 四三三 - 六五六一）
『四丁目のまさ』（玉川侑香詩、後藤栖子絵、比良出版）
『安っさん』（玉川侑香文、後藤栖子絵、比良出版）

「忘れてはいけないこと」が書かれた絵本を三冊紹介します。

なぜ悲しいこと、つらいことを忘れてはいけないのでしょう。忘れたら、そこで人が生きていたという事実が失われるからです。

また、どんなに悲しく苦しい中でも、人間というものはがんばって生きようとする、その姿が、われわれに生きる力を与えてくれるからです。

震災を語り継ぐ絵本を読むことの意味は、そこにあります。

作者の玉川侑香さんは、神戸市兵庫区にいらっしゃる詩人です。市場ギャラリーというものを開いて、文化で町おこしをしておられます。

詩集『かなしみ祭り』（玉川侑香著、風来社）は、大人の方にお薦めです。

**『ミヨちゃん』**

震災で声を出せなくなった少女の物語が、詩で語られます。「神戸に帰ろう」という言葉が心にしみ入ります。

**『四丁目のまさ』**

神戸市長田区や兵庫区では火が出て、一瞬のうちに家族も何もかもが燃え尽きてしまった所があります。僕の友人も、母親を助け出してほかの人たちを救出していた間に、親の家は全焼して何も残りませんでした。

まさおばあさんは、家族でたった一人生き残りました。息子たちは、自分だけを外へ出して、炎の中で亡くなりました。悲しみにくれた後、それでも串カツ屋を再興しようと思うのです。力強い言葉が、胸を打ち、勇気をもらえます。

**『安っさん』**

仮設住宅の自治会長、安っさん。病院へ行くのを嫌がり、「ここで死にたい」と言う仲間に向かって、「ここは、生きるとこや」と叫びます。

東北の仮設住宅でも、まだまだ同じような生活が、日々、あるのではないでしょうか。子どもたちに絵本を通して考えさせたいものです。

⑩ **自分って、何？**

『ぼくはくまのままでいたかったのに……』（イェルク・シュタイナー文、イェルク・ミュラー絵、大島かおり訳、ほるぷ出版）

『しげちゃん』（室井滋作、長谷川義史絵、金の星社）

自分さがしの旅というような言葉がよく使われますが、自分は何なのだろうというようなことは、難しい命題で、簡単に答えの出ることではありません。そのままの自分を受け入れることの方が大切な気がします。

**『ぼくはくまのままでいたかったのに……』**

クマが人間に間違えられて、人間としての生活を強いられます。強制収容所のようなところで働くクマは、いったい自分は何なのだろうと考え込みます。そして、しだいに、追い詰められていくのです。

ラストシーンは、言葉はなくて、絵だけで表現されています。高学年でないと、理解しにくいでしょう。

僕がこの絵本を選んだのは、人間にとって何が大切かということよりも、自分が何を大切にしたいのかということを考えてほしいということからです。

そして、どの人間もみんな一人一人ちがっていて、自分を大事にするということが大切なんだということを考えてほしいということです。

自分の人生ですよ。他人の人生ではありません。他人が何を思うかということよりも、自分がどう思うかということの方が大切でしょう。

「分かっているんだけど、なかなかそうはいかない。」

と言われるかも知れません。

でも、大切なことを見失った人生は、自分にとっての人生ではありません。少なくとも、自分がしたいこと、自分の大切なものは何なのかと、考えてほしいですね。

## 『しげちゃん』

室井滋さんの体験と、長谷川義史さんの絵がぴったりと合った、楽しくて深みのある絵本です。有名な絵本なので、内容の説明は省いておきますが、僕はこの本を読み聞かせした後、子どもたちにおうちの方に自分の名前の由来をインタビューしてまとめさせ、発表してもらいました。自分の名前が、いかに願いをこめてつけられたものかを、子どもたちは学び、友だちの名前の由来にも感心していました。

## ⑪ 家族を見つめ直す

『おかあちゃんがつくったる』（長谷川義史作、講談社）

『愛の一家　あるドイツの冬物語』（アグネス・ザッパー作、遠山明子訳、マルタ・ヴェルシュ画、福音館書店）

今、家族というもののモデル像が、なかなか子どもたちに示せません。テレビのドラマなどでも、むかし流行ったホームドラマ的なものは影をひそめ、たまに家族をテーマにしていても、DVやネグレクトなどの深刻なテーマのものが多いように思われます。

子どもの本の世界には、あたたかい家族、モデルとなる家族がいくつもあります。こんな時代だからこそ、本を通して、家族というものを楽しく、ときには心にひびくように、振り返らせたいものです。

**『おかあちゃんがつくったる』**

長谷川義史さんの自伝的絵本。小さいころに父親を亡くした長谷川さんは、いくつもの絵本に、自分の父親への思いを綴っています。

この絵本は、母親のユーモラスな姿に笑いを誘われますが、同時になんともいえないあたたかさが伝わってきます。関西弁の絵本ですが、関西弁で読めなくても全然問題はありません。教師が、自分の読み方で練習して読み聞かせすれば、良いでしょう。

**『愛の一家　あるドイツの冬物語』**

いつのまにか古典になってしまって、あまり読まれなくなりましたが、ぜひ、子どもたちに薦めたい物語です。文章は難しくありませんが、高学年以上でないと、ちょっと内容は深く読み切れないかも知れません。貧しいが、矜持《きょうじ》を大切に生きている、まさしく愛にあふれた家族の姿を描いています。

僕が一番心に残ったのは、薄いトウモロコシのスープのエピソードです。スープだけの貧しい食事をしていたときに、弟が、「スープが薄いね」と、ふと口にしてしまいます。父親は、静かに「外へ出なさい」と命じます。この家では、食べ物に文句を言ってはならないという不文律があったのです。家のドアの前に座って落ち込んでいる子どもの前に、母親がスープを持って現れます。「お父さんが、『お腹がすいたから反省するのでは、本当の反省にならない』と言っているから。」ということだったのです。

これこそ、今の時代に一番必要な教育の在り方ではないでしょうか。この物語には、そんな珠玉のエピソードが、たくさんつまっています。

## ⑫ 笑いとユーモアこそ、人生

『ぴっけやまのおならくらべ』（かさいまり文、村上康成絵、ひさかたチャイルド）
『こぶとりたろう』（たかどのほうこ作、杉浦範茂絵、童心社）

人生で大切なことの一つに、笑い、そしてユーモアというものがあります。

ユーモアは、人を笑うことではありません。ユーモアとは、自分を笑うことです。自分の失敗を「バカなことを、してしまったなあ」と、笑うことです。この心がないと、自己否定ばかりになって、自分が煮詰まってしまいます。自分が嫌いになります。

失敗したら、自分を笑いとばして、またやり直せばいいんです。そういうことを、子どもに教えたいですね。

また、ユーモアとは、人を助けるものです。ぱんぱんに張りつめた気持ちになっているとき、ふっと力をぬいてくれると助かりますね。大事なときほど、笑いが救いをくれるものです。

そして、ユーモアとは、人間関係をスムースにさせるものです。ユーモアのない教師は、遊びのないブレーキみたいなもので、子どもにとってはしんどい存在です。

つらいときに人を支えるのが、ユーモアです。人をバカにする笑いではありません。

**『ぴっけやまのおならくらべ』**

子どもたち、大爆笑の絵本です。いや、幼稚園や小学校へ本の話をしに行ったときにこの本を読むと、先生もお母さんも思わず笑ってしまいました。

ぴっけやまの動物たちがある日、「おならくらべ」をしようとした、という他愛のない話なのですが、動物たちの個性的なおならが楽しくて、心がなんだかうきうきしてしまいます。

幼稚園から低学年の子どもたちは、排せつ物が大好きです。うんち、おなら、はなくそ、おしっこ、……。彼らには、そういうものが汚いものではあっても、不潔なものとは感じられなくて、どこか親しみのあるものに感じられるのですね。

**『こぶとりたろう』**

こちらは、高学年向きの絵本です。たろうは、勉強をがんばりすぎて、頭に算国理社の四つのこぶができてしまいます。妹にアドバイスを受けて、「こぶとりじいさん」の昔話のように、鬼たちにとってもらおうと、夜中に山奥へ入っていきます。

たろうが「鬼なんているわけない」と言ったら、妹が「じゃあ、そんなこぶのできること、聞いたことあるの」とやり返します。そういうやりとりの楽しさもおかしくてたまりません。

最後の鬼たちの言動が思わず笑いをさそいますが、現代の親たちを風刺したところもあって、いろいろ考えさせられます。

## ⑬ 美しいものを見る

『おかあさんの目』（あまんきみこ作、くろいけん絵、あかね書房）
『秘密の花園』（バーネット作、光文社他）

子どもたちには、幼いころに、美しいものをたくさん見てほしいと思っています。醜い心、汚い人間性、悪意のようなものには、できるだけ、後の方で触れてほしいですね。どうせ、いつかはそういうものに触れることになるでしょう。でも、心の中にしっかりと「美しいもの」を持っている人間は、悪意に馴染むこともできないし、醜い人間性をさりげなく忌避するようになると考えています。

世の中に、人間の醜さや悪意が氾濫しているのなら、本の世界で「美しいもの」を体験してほしいと思います。

**『おかあさんの目』**

おかあさんのひとみに自分が映っているのを見て、せつ子は、おどろきます。そこから、お母さんは、自分のひとみに映るものをせつ子に見せていきます。

するとなぜか、そのひとみに、今そこにない美しいものが映り始めます。不思議に思うせつ子に、お母さんが語ります。

「せつ子も、うつくしいものに出会ったら、いっしょうけんめい見つめなさい。見つめると、それが目ににじんで、ちゃあんと心にすみつくのよ。……」

美しいものに出会えば、しっかりと見つめるといいんだなあと、心にすとんと落ちてくるような絵本です。

**『秘密の花園』**

古典的名作ですが、いつの世になっても色あせません。事故で両親を亡くした女の子の引き取られたお屋敷には、病気がちで外へ出られない男の子がいました。さらに、その屋敷には、壁で仕切られ、鍵のかかった大きな庭がありました。

だれも入ることの許されないその庭に入り込んだ女の子は、そこに美しかった花園があることを発見します。そして、男の子も誘いこんで、一緒に美しい花園を作り上げて、たわむれるようになるのです。女の子の心も、少年の体も、美しい花園が癒していきます。

しかし、花園には秘密がありました。その花園に入れないように封印したのは、人を深く愛するという思いからだったのです。その封印を破ることが、美しい思い出をさらに輝かせることになったのです。

⑭ **避けて通れない「戦争」**

『おれはなにわのライオンや』（さねとうあきら文、長谷川知子絵、文溪堂）
『おとなになれなかった弟たちに……』（米倉斉加年作、偕成社）

戦争動物園文学の三大絵本と言われるのが、『おれはなにわのライオンや』『かわいそうなゾウ』『ゾウ列車が行く』の三冊です。

『かわいそうなゾウ』は東京の上野動物園、ゾウのトンキーとワンリーが人間の勝手な理由で殺されていくという話。文学としては優れているとは思いますが、個人的にはしんどくなるので、あまり好きではありません。低学年よりも、高学年で読む方がいいかなと思います。

『ゾウ列車が行く』は、名古屋の東山動物園。ここのゾウは、戦争から守られました。戦後、日本中の子どもたち、敗戦で明るい希望のない子どもたちに、ゾウを列車で運んで回るという話です。幼い子どもには、こういう心あたたまるお話がいいですね。

**『おれはなにわのライオンや』**

大阪の天王寺動物園での実話をもとに作られました。動物の視点から大阪弁で語られるこの本は、楽しくユーモラスですが、そのことがさらに残酷な人間の仕打ちを浮かび上がらせます。「もう、あんなことは決してしてしてはいけない」という気持ちを強く持たせられる本です。

関西人の僕は、関西弁のこの物語を読み聞かせしていると、感情が強くなりすぎて、声がつまってしまいます。

我々には、悲惨なことであっても、忘れずに向き合って生きていかなければならないことがある、ということです。

**『おとなになれなかった弟たちに……』**

ボローニャ国際児童図書展の大賞を二年続けて受賞した米倉さんが、自分の体験を告白した絵本。悲しい絵本です。飢えてつらい生活の中で弟のミルクをくすねてしまった自分。栄養失調で亡くなった弟を、作者はいつまでも背負い続けているのです。

どんな悲惨な状況においても、人は美しくあることができます。親戚の見下した態度に、決して媚びずに毅然とした態度を貫いた母親の姿に、作者は人間の矜持の美しさを見るのです。

戦争という時代、非人間的な時代のことを、決して忘れないでほしいという作者の願いが、強く表れた絵本です。

## ⑮　生き方を考える

『十歳のきみへ――九十五歳のわたしから』（日野原重明著、冨山房インターナショナル）
『グッドラック』（アレックス・ロビラ著、フェルナンド・トリアス・デ・ベス著、田内志文訳、ポプラ社）

本一冊で人の生き方が大きく変わるということは、めったにあることではないし、そんなことを期待して、子どもたちに本を薦めるものではないと思っています。しかし、本はときに、自分の生き方を立ち止まって考える機会を与えてくれます。

人間は、エアポケットにすとんとおちることもあります。そこを抜け出すには、きっかけがほしいのです。自分の力で抜け出すのは、なかなか難しい上に、先生や親の言葉の入りにくい時期もあります。

そんなときに、考え方をちょっと変えて、前へ進ませてくれるヒントが、本の世界にはあります。

**『十歳のきみへ――九十五歳のわたしから』**

この本は、九十五歳になった日野原さんが、十代の子どもたちに贈ったメッセージです。上から目線で偉そうに語るわけでもなく、優しくしかも子どもたちと対等に語りかける本です。この語り方が子どもたちに抵抗なく受け入れられていくと思えます。

自分が病に苦しんで挫折したときから、本物の医師としての人生が始まったこと。自分たちだけの平和は、世界の平和ではないということ。……

教師が語るのではない、深い心を持つ人生の先輩おじいちゃんの語りです。それが多くの子どもたちに「きっかけ」を与えてくれるのではないでしょうか。

**『グッドラック』**

寓話のような物語です。白い騎士と黒い騎士が、幸せのクローバーを探して、冒険に出ます。黒い騎士は、いつも白い騎士に先んじてヒントにたどりつくのですが、そのことを前向きにとらえられないために、運を逃してしまいます。

すべての運は、どの人にも同じように訪れます。それをグッドラックにするのは、全部自分自身のとらえ方次第なのだということを、分かりやすく、語っていきます。

各章ごとに、その章の内容に関する著名人の格言を載せています。

僕は五年生の子どもたちに、毎日一章ずつ読み聞かせしていきました。格言が出てきても、説教くさくなく、子どもたちは楽しんでいました。

## ⑯ いじめを知るということ

『はせがわくんきらいや』（長谷川集平著、復活ドットコム）
『12歳たちの伝説』（後藤竜二作、新日本出版社他）

いじめの問題で僕が引っかかることは、「いじめている子どもには、いじめているという認識が少ない」と言われていることです。はたしてそうでしょうか。高学年や中高生にもなって、自分のしていることが本当に「いじめだとは思ってなかった」と言えるのでしょうか。だめなことは分かっているが、止められない、弱者への思いが薄い、ということなのではないでしょうか。

いじめということについては、いろんな角度から考えさせていくことが、大切だと思っています。ここで取り上げた二つの本は、松谷みよ子の『わたしのいもうと』（偕成社）やタシエスの『名前をうばわれたなかまたち』（さ・え・ら書房）のように、ストレートにいじめをテーマとしたものではありません。

しかし、いじめの機会を持つ子どもたちが、立ち止まったり、自分のしていることを振り返ったりするきっかけには、なるのではないでしょうか。

**『はせがわくんきらいや』**

なんともショッキングなタイトルの絵本です。体が弱いからつきあうのがめんどうくさくて大きらい、大大大きらいやと言いながら、つきあっている少年。こういう感覚を今どきの子どもたちが理解できるでしょうか。子どもの心にどすんとものを投げかけるような絵本です。

これは、作者自らの経験から作られた絵本です。長谷川君は、ヒ素ミルク中毒事件の影響で母乳の出ないお母さんが無理やり母乳で育てた子どもです。僕と同い年の作者です。中毒事件は、僕らの世代には大きな影を落としているのです。

**『12歳たちの伝説』**

この物語は、いじめだけではなく、学級崩壊から不登校など、教室で起こるさまざまな問題をテーマにしています。かなり現実に近いかたちで、リアリティがあります。

書き方に特徴があります。たいていの本は一人称で書かれ、一人の人間の視点からしか出来事を追いません。けれども、この本は、クラスの子どもたちそれぞれが自分の視点で語るかたちで書かれています。いじめられた子ども、同じことについてのいじめた子ども一人一人、というようにです。読み手は、自分と同じ立場の子どもそれぞれに自分自身を重ねながら、読んでいくことができます。

だからこそ、多くの子どもたちが実感を持って読み進められる本なのです。

⑰ 障碍《しょうがい》への理解

『きよしこ』（重松清著、新潮社）

『口で歩く』（丘修三作、立花尚之介絵、小峰書店）

障碍《しょうがい》の「碍」の字は、神戸大学の伊藤隆二先生に教わりました。伊藤先生は、心の教育というものを子どもの視点から考える先生で、『心の教育十四章』は、僕のバイブルです。

「碍」とは、何かをしたくてもできない、そんな状態を差します。人を表現するのに「害」という言葉は、不適切だと思うのです。

僕も、「障害」という言葉をやめて、「障碍」という言葉を使うことに決めています。

**『きよしこ』**

オムニバス形式の中の「乗り換え案内」という話で、吃音の主人公が通うセミナーでの一場面が強烈です。

市のPTAの副会長さんが、子どもたちに話します。

「悩み」「苦しみ」という言葉を何度も口にして、子どもを激励します。

「……言葉がつっかえたって気にしないで」、「……もっと堂々として」という言葉が子どもたちの心を刺していきます。

教師がよく陥るパターンですね。自分の理屈や筋道を子どもにおしつけているだけで、本人は悦にいっていますが、子どもたちは反発を強めていくだけなのです。でも、そのことは、これまで心の通わなかった友だちとの交流のきっかけとなるのです。

重松さんの本は、思春期の子どもたちのことを、かなり正確に描いています。それでいて、説教くさくなくて、優しいですね。「きよしこ」とは、しげまつきよしくんのことです。いわゆる自伝的な小説で、重松さん自身が吃音を持っていて、そのために小さいときからいろいろな思いをした、という話の中で、友だちや障碍というものについて考えさせてくれます。

## 『口で歩く』

タチバナさんは、いつもベッド車に寝そべったまま散歩します。彼が歩きたいときは、通りがかりの人に声をかけて、頼むのです。それは、彼のコミュニケーションの時間でもあるのです。いろんな人がいます。

良い人ばかりではありません。いやな思いもたくさん経験します。それでも彼は、「歩く」のです、人とつながるために。

人は、存在しているだけで意味があるのだという作者の哲学が、強く表れた物語です。はっと気づかされることが、たくさんあります。

## ⑱ 世界へ目を向ける

『あなたの夢はなんですか？ 私の夢は大人になるまで生きることです。』（池間哲郎著、致知出版社）
『3びきのかわいいオオカミ』（ユージーン・トリビザス文、ヘレン・オクセンバリー絵、小玉知子訳、冨山房）

今どきの子どもたちは、ネットなどの進歩で世界との距離が短くなって、自宅に居ながらにして、世界のさまざまな土地の様子や人々のくらしを知ることができます。

ですから、世界の文化についてリアルタイムで読書をしていく必要は、僕はあまり感じていません。ここでは、世界というテーマで、「こんな世界もあるんだよ」「こういう考え方を知っていましたか」という気持ちで子どもに薦める、そんな本を選びました。

**『あなたの夢はなんですか？ 私の夢は大人になるまで生きることです。』**

この本は、衝撃的です。フィリピンのスモーキーマウンテン（ごみの山）で生活する少女にたずねた言葉、「あなたの夢はなんですか」に、少女が答えたこと。同じことをモンゴルのマンホールチルドレンにたずねたときの、少年の言葉。

その言葉には、心を揺り動かさずにはいられません。四年生以上の子どもたちに、読み聞かせをしましたが、子どもたちの心が一瞬、ぴたっと止まるのが分かりました。

世界の子どもたちのおかれた現状と私たちのくらしとのギャップを、子どもたちは素直に感じてくれました。世界中で餓死する子どもたちがたくさんいるのにも、驚きます。それを読んで以来、昼食を残す子どもたちがほとんどいなくなったほど、子どもたちが考えさせられてしまう本です。


**『3びきのかわいいオオカミ』**


「三匹の子ブタ」のパロディのようなプロットの絵本です。お母さんから独立して家を建てる3びきのかわいいオオカミたち。そこへ悪い大ブタがやってきて、オオカミたちの家を壊していきます。

重機を使って家を壊そうとしたり、鉄条網の家にはダイマナイトを使ったりと、大ブタは、現代的な方法で家をぶっ壊していきます。

最後にオオカミたちの選んだ家は、花の家でした。

子どもたちは大爆笑の連続です。有名な画家の描いた絵というだけあって、挿絵に魅力もあふれています。最後の展開には、「うーん、なるほど」というムードになります。

一年生でも六年生でも、それぞれの学年のレベルで楽しめる絵本だと思います。

⑲　**働くことの尊さ**

『あたまにつまった石ころが』（キャロル・オーディス・ハースト文、ジェイムズ・スティーブンソン絵、千葉茂樹訳、光村教育図書）

『ディズニー　そうじの神様が教えてくれたこと』（鎌田洋著、ソフトバンククリエイティブ）

親の仕事に対する子どものとらえ方は、時代と共に変わってきているように思えます。日本の経済力とも関係があるでしょう。現代の子どもたちの知るべき仕事のねうちというものが、あるように思います。

**『あたまにつまった石ころが』**

この絵本は、「夢」のジャンルに入れた方が良いかも知れないですね。

「あなたの頭には石がつまっているのね。」

と、言われ続けた作者の父親の話。景気に左右されながら、仕事を転々と変わっていった父親だけれども、いつも石ころをさがして歩くことだけは、止めませんでした。その石ころ集めから、博物館の職が回ってきます。そして、優れた理解者の館長さんが現れることにより、大学を出ていないのに鉱物学部長になってしまいます。

最後は、学び直して博物館の館長にまでなった父親の人生は、仕事とは何か、人生とは何か、夢を大切にするとは何か。そういうことをユーモアと共に、ゆっくりと語りかけてくるようなすてきな絵本です。


**『ディズニー　そうじの神様が教えてくれたこと』**


この話は、ディズニーランドへ行った人ならみんなが目にしたであろう、カストーディアルというディズニーの清掃担当の仕事をしてこられた方の、夢のようなお話、四部作です。

共働きで大学まで卒業させた娘が、せっかく就職したのに清掃の仕事だと聞いて、配置換えをしてくれと手紙を出したご両親に、娘はディズニーランドのチケットを渡します。両親は娘と言い合いをした手前、隠れてそっとディズニーランドを訪れます。そして、そこで二人が見た娘の仕事は、子どもたちの夢を決して壊さないというすてきなものだったという話。

娘と恋人がやってくるので、その日は休ませてほしいと言ったカストーディアルに起こった奇跡のような話、等々。

そうじに対して、夢のある仕事なんだなと思わせてくれる本です。読んでいると、あたたかい気持ちがあふれてきます。

⑳ **番外編——お母さんお父さんへのメッセージ**

『木のおさら』（グリム）

『やんちゃももたろう』（野村たかあき作・絵、でくの房　☎〇二七‐二四三‐七〇六二）

『ラヴ・ユー・フォーエバー』（ロバート・マンチ作、乃木りか訳、梅田俊作絵、岩崎書店）

ここにあげる本たちは、保護者会などで、おうちの方に読み聞かせするのに適しているものです。本の世界のすばらしさをおうちの方に伝えると、おうちでも読み聞かせをしてくださる方が、増えることでしょう。

**『木のおさら』**

僕は、保護者会でよくこのお話を読み聞かせします。おじいさんがお皿を割ったりするので、割れない木で作ったお皿を渡して部屋の隅で食べさせる息子夫婦。自分の子どもが親の真似をして木のお皿で食べさせる遊びをする姿を見て、はっと我に返ります。

有名な話ですが、みなさん、どこか心に引っかかることがあるようで、涙を浮かべて聞かれます。大人になると忘れがちな大切なことって、あるのですね。

**『やんちゃももたろう』**

ももたろうを知っている人なら、この話は最初パロディに思えることでしょう。犬丸、猿吉、きじ郎の三人が出てくるあたりでは、お母さんたちもくすくす笑います。ももたろうは、昔は理想的な男の子像でした。しかし、この話では、悪い悪いやんちゃ坊主として登場します。

そして、最後にほろっとさせてくれる絵本です。

**『ラヴ・ユー・フォーエバー』**

全米でベストセラーになったこの絵本は、多くの保護者の方が「読んだことがある」「うちにあります」と、おっしゃいます。

それでも、読み聞かせをすると、涙があふれてきます。何度読んでも、僕も胸がつまります。親の愛というものは、果てしないものであり、子どもがいくつになっても変わらないもの。そして、その愛は、子どもに受け継がれていく……、という愛の流れをみごとに表現しているからでしょうか。

暴力の連鎖というようなことが言われます。幼いころに暴力を受けた子どもが大人になったときの連鎖だと言われます。「愛の連鎖」というものもちゃんとあるのだということを、この絵本は静かに語ってくれているようです。

# 第7章

# ストーリー・テリング お話の世界が、子どもたちをひきつける

卒業生たちが集まると、どの学年でも話題にあがるのが「先生のお話が楽しみだった」ということです。僕のありがたい説教も、褒められたこともあまり覚えていないけれども、お話だけは忘れないと言うのです。

僕は「お話の先生」と言われていました。昔話に歴史物語、ＳＦに落語まで、覚えたお話を子どもたちに語るストーリー・テリングをし続けてきました。ストーリー・テリングは、僕の学級づくりの柱にもなるほど大きな武器でした。子どもたちは、お話が大好きなのですから。

## 1 「桃太郎」「金太郎」を知らない子どもたち

今どきの子どもたちは、「桃太郎」「金太郎」「かちかち山」「かにむかし」といった有名な昔話を知りません。一年生では、いつも、昔話を知っているかをたずねていました。だいたい、「桃太郎」

でも三割ぐらいが知らないし、「金太郎」を最後まで知っている子どもは、ほとんどいませんでした。お母さんが、寝物語にお話を語ってくださらないのでしょうか。おばあちゃんたちと同居することが減って、こたつに入りながら語ってもらうことがなくなったのでしょうか。ゲームやテレビに負けてしまったのかもしれませんね。

おもしろくないから語られなくなったのでは、ありません。語ってもらえる機会が、なくなってきたということなのです。

## ２　昔話の世界は、本当におもしろい

昔話は各国で言い伝えられてきた優れた文学です。日本もそうですが、子どもの心の奥底に語りかけてくるという不思議な力を持っていると言われます。

「むかしむかし、あるところに、おじいさんとおばあさんが……」で始まることが、昔話は多いですね。時間も場所も特定しません。いつだって、どこだっていいのです。曖昧な時間と場所の設定は、細かいことを考えずにお話の世界にすうっと入っていきやすいのです。

登場人物のほとんどは、細かい人物設定がありません。どんな人物かはっきりしないで、ただ「よくばりのおじいさん」「わがままなおきさき」という一言でくくれるような性格です。実生活で

は、こんな一言でくくれるほど人間は単純な生き物ではありません。だけども、単純だからこそ、子どもにははっきりとわかりやすいのです。だから、授業で昔話を学習するときに、おじいさんやおばあさんの性格を細かく読み込むようなことは必要ないということです。それと、どちらかというと、絵本ではない方が、それぞれの子どもが自分の生活や自分の抱えている問題に置き換えやすいと思います。

また、昔話は残酷な面があると言われます。『かちかち山』のたぬきは、おばあさんをおじいさんに食べさせて、最後はうさぎに殺されます。『白雪姫』のおきさきは、真っ赤に焼いた鉄の靴をはかされて、残酷な殺され方をします。こういうことをさらっと言ってしまうのが昔話のよいところで、子どもの心の奥底には、「悪いことをしたらどうなるのか」ということが、しっかりと残ります。『かにむかし』の再話で、さるさんとかにさんが仲直りするというのは、教育的な書き換えのように見えて、実は、昔話の持つすばらしい力を失わせているように思えます。

再話には、気をつけましょう。昔話の本質的な値打ちを下げてしまいます。

ほかにもたくさんの不思議な力を持っているのが、昔話です。読んでもらったり、自分で読んだりして昔話の世界から多くのことを学んでほしいと思います。

## 3 「お話ノート」を開くとき、子どもの目が輝く

僕のペンケースには、三〇年にわたって一冊の小さなノートが入っていました。

お話ノートです。

そこには、お話のタイトルがジャンル別にずらりと並んで書いてあります。

いつものようにペンケースから小さなノートを取り出すと、それだけで、子どもたちは

「お話や。お話やぞ。机の上をかたづけろ。」

「静かにしろ。」

と、その気になってくれました。

この小さなノートには、お話のタイトルがびっしりと書いてあります。

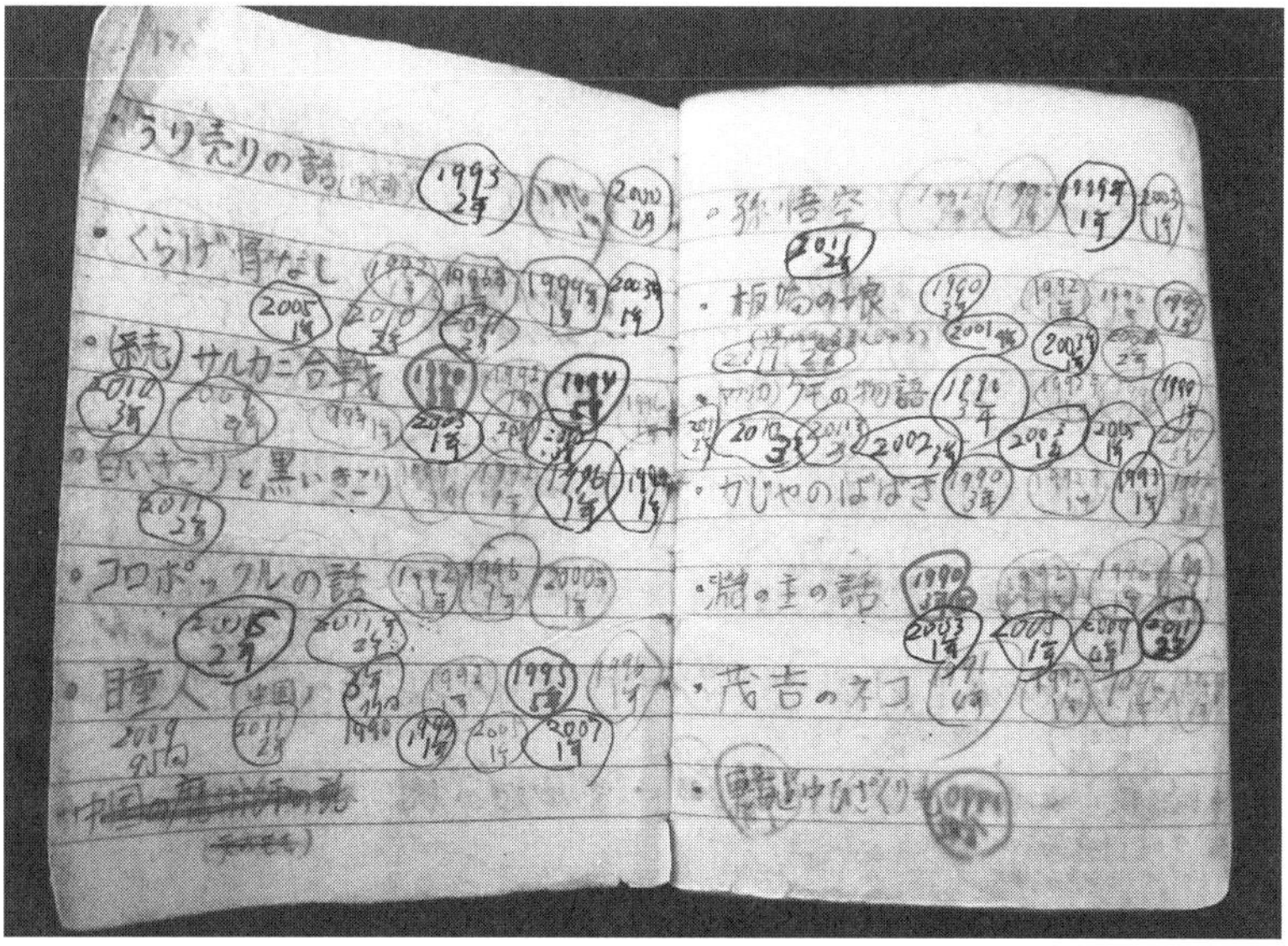

・日本・世界の物語―「アフリカの蜘蛛の話」「淵の主」「さわよむどんのウナギつり」等
・歴史物―「厳島の戦い」「大谷刑部と石田三成」「ワーテルロー」「古事記」等
・ギリシア神話―ヘラクレス、プロメテウス、星座の物語等
・SF―「マタンゴ」「おーい」「清潔仮面」「校長先生の頭」等
・怖い話―「中国の剣の達人」「ちんちんこばかま」「百物語」等
・ノンフィクション―「死のサルガッソー海」「北欧のメールストローム」等
・落語―「狸賽と権兵衛狸」「崇徳院」「七度狐」等
・自分の話―「先生になったわけ」「親友」等
・全校向け―「風の神様」等

それぞれのタイトルの横や下に「1993年2年」というように、いつ、どの学年で話したかを書いてあります。

一度、タイトルさえ決まれば、学年の子どもたちに応じてストーリー・テリングができます。子どもたちは僕のありがたい訓話は覚えていてくれませんが、ストーリー・テリングは、よく覚えているのです。

## 4　ストーリー・テリングは、子どもと顔を合わせながらできる

読み聞かせとストーリー・テリングとの決定的な違いは、後者は子どもの顔を見ながらできるということです。子どもたちの表情から反応をすぐに知ることができ、目を合わせながらできるということです。

読み聞かせでは、絵本の場合は、子どもたちの視線は挿絵に集まります。一方、物語の読み聞かせでは、先生は本の活字に目をやらなければならないので、子どもたちは、どこを向いたら良いか分からなくなります。その点、ストーリー・テリングは自然に語り手の方を向くことになります。

ただ、長い文章を完全に丸暗記して語るのは無理なので、どうしてもストーリー・テリングは、自分の語りになってしまいますから、文章表現の

ストーリー・テリングをしている著者

特徴などは伝えられません。

ですから、昔話がもっともストーリー・テリングには適していると思います。

僕は、水木しげるの漫画や落語などを工夫して、ストーリー・テリングをしてきました。子どもたちの表情が直接伝わってくるので、僕にとっても、楽しい時間でした。

# 第8章

# 本についてのQ&A
## ——先生やおうちの方の質問に答える

①　どんな本を選べばよいのでしょうか。
②　字を覚えたので、そろそろ独りで読ませたほうがよいですか。
③　絵本ばかりを読んでいて、よいのでしょうか。
④　漫画は、よいのでしょうか。
⑤　読み聞かせは、いくつまでですか。親が読んでやってばかりでは、自分で本を読むことをしないようになりませんか。自分で読むのはいつごろからさせるべきですか。
⑥　おなかの子どもや生まれたての赤ちゃんにお薦めの本はありますか。
⑦　子どもが夢中になるほど好きになる本に、巡り合わせるための方策はありますか。押しつけでなく、よい作品に巡り合わせるには、どのようにしたらいいのでしょうか。
⑧　子どもの読みたい本と親が読んでほしい本の違いがあるのは、どうしたらいいですか。
⑨　時間的なゆとりがないのですが……。

⑩ 親が購入した年齢に応じた本をなかなか読まないのです。このまま幼児の本から脱却できないのでは、と心配ですが……。
読む本が幼くて心配です。

① どんな本を選べばよいのでしょうか。

一言で言うと、良い本を薦めてください、ということです。まず、子どもに与える本は、大人が責任を持って選ぶべきだと、僕は考えています。もちろん、読書は自由なものですから、子どもが自分で選ぶ本はどんな本でも否定しません。しかし、せめて大人が子どもに薦める本は、しっかりとした見識を持って選びたいと思うのです。

第9章に「マイ・ブックリスト」と題して、僕が各学年ごとにお薦めの本たちをピックアップしています。

② 字を覚えたので、そろそろ独りで読ませたほうがよいですか。

できる限り、読み聞かせてあげましょう。覚えたての子どもたちは、たどたどしくしか読めません。字面を追うのに一生懸命になって、言葉から自由に想像を描くこともできません。子どもたちは、絵を見ながら大人の語りを聴いて、本の世界を楽しみます。何度も読み聞かせてから、子どもに本を手渡して、自分で読むようにさせれば良いのです。

あわてず、あせらないことです。

## ③　絵本ばかり読んでいて、よいのでしょうか。

発想を変えてください。絵本は、大人も読めるすばらしいものです。絵本には、『鹿よ　おれの兄弟よ』（神沢利子作、バヴリーシン絵、福音館書店）のように、読み応えのある長編もあります。また、単行本であっても、一年生が楽々読めてしまうレベルの本もあります。装丁が大人向きに見えても、中身は幼児的であるという本もあります。

使われている言葉や文章、中身で考えましょう。一見、簡単に見える絵本の中に、人生の大切なことを教えてくれるものもあります。そういう絵本を選べば、「絵本ばかり……」と悩むことは、ないでしょう。

④ **漫画は、よいのでしょうか。**

僕が毎年のように夏休みに全巻読んでいたのが、『スラムダンク』（井上雄彦著、集英社）です。『ポーの一族』（萩尾望都著、小学館）も、全巻読みましたし、手塚治虫の『きりひと讃歌』（講談社）には、感銘を受けました。

また、「本の体験」の具体例④の「子どもが立ち上がるとき」では、漫画本を薦めています。漫画は絵本と似たところがあり、絵と言葉で作られた作品なのです。漫画だからいけない、ということはありません。

漫画そのものが良いのか悪いのかという話には、与しません。中身で判断することが、大切だと考えます。

⑤ **読み聞かせは、いくつまでですか。親が読んでやってばかりでは、自分で本を読むことをしないようになりませんか。自分で読むのは、いつごろからさせるべきですか。**

読み聞かせは、一生できます。いくつで終わりということは、ありません。

子どもが自分で読まないことに対して不安を感じていらっしゃるおうちの方は、多いようです。では、読み聞かせを止めたら、子どもは自分で本を読むようになるのでしょうか。読書は、本来、自発的行為です。強制しても本は読めません。読み聞かせを止められたら仕方なく本を自力で読み始めたという話は、聞いたことがありません。

読み聞かせをしてもらいながらも、自分で読書はしていくということも、あります。自分で読みたくなったときが、「自分で読む」ときです。

## ⑥　おなかの子どもや生まれたての赤ちゃんにお薦めの本はありますか。

これは、お腹に赤ちゃんを抱えたお母さんが「どんな本を読めばいいですか」とたずねたお手紙をいただいたのに対して、僕が書いた返事をそのまま載せます。

ワープロうちの手紙で失礼致します。この方が、本の紹介をしやすいものですから。ご感想、ありがとうございました。いつも話をするのは一方通行なので、こうやって頂くご感想が、心の交流のようで、うれしくなります。

さて、まもなくのご出産、楽しみと少しの不安の中にいらっしゃるのではないでしょうか。

教え子が二人、ちょうど九月に出産予定です。いろいろとメールをやりとりして、盛り上げているので、なんとなく今のお二人の気持ちも想像できます。

「0歳からの読み聞かせに良い本」とのことですので、僕が推薦する本を紹介します。本屋さんにもたくさん並んでいますが、「おや」と思うものもあるので、自分の目で見たものだけを紹介します。

・『ぎゅっ』（ジェズ・オールバラ作・絵）これは、『うきうきしたら』と同じ作者です。お母さん、お父さんにこそ、読んでほしい絵本です。読んだら、僕の言っている意味がきっとおわかりになると思います。

・『きんぎょがにげた』五味太郎さんの文のない絵本ですが、「どこににげた」とか言っているうちに、子どもが手を伸ばして指さすようになってきます。

・『はらぺこあおむし』エリック・カールのしかけ絵本です。初期の絵本の定番ですが、よいものはよいのです。子どもと遊んでください。子どもが穴に指を入れようとしてきます。文の書いていないところは、おかあさんやおとうさんが自由にお話をつくって語ってあげればよいのです。

・絵本ではありませんが、松田道雄さんの『私は赤ちゃん』をおススメします。子育てには、これひとつでよいと教え子には推薦します。

元気な赤ちゃんの誕生をお祈りします。

**⑦　子どもが夢中になるほど好きになる本に、巡り合わせるための方策はありますか。押しつけでなく、よい作品に巡り合わせるには、どのようにしたらいいのでしょうか。**

どの本に夢中になるかは、読み手しか決められません。僕は、「これなら子どもたちが夢中になれる本だろうなあ」と思って薦めますが、全員に合う本なんてないとも、思っています。人は好みも違うし、課題意識も、みな違います。大人として、「この作品はすてきだよ」と示すことはできても、読ませることはできません。だから、いろいろなジャンルのさまざまなレベルの本たちを子どもに紹介してあげることが必要なのだと思います。

**⑧　子どもの読みたい本と親が読んでほしい本の違いがあるのは、どうしたらいいですか。**

すばらしいことだと思えば良いのではありませんか。親の方が、子どもの読みたい本を読んでみてはどうでしょうか。なぜ子どもがこの本を選ぶのかも、分かるかもしれません。

違いがあって、当たり前です。おそらく、こういう悩みを持たれる場合は、子どもがレベルの低い本を読みすぎるという思いがあるのでしょう。

しかし、子どもは、自分のレベルに合った本しか読めません。たとえば、優れた思想だからと言って、小学生に小林秀雄のエッセイは読めません。親が読んでほしいと思う本が、今の自分の子どもに合っているかどうかも、考えてみてください。

親の読んでほしい本を示しながらも、子どもの読んでいる本も認めていく、という姿勢で良いのではありませんか。

## ⑨ 時間的なゆとりがないのですが……。

読書は、「読む」という決意にほかなりません。本を読むという行為は、ほかのことの手を止めて、本のページをめくるということです。読んでいる間の時間は、何もできません。しかし、人生の「ある時間」を読書に使うということに価値を見出した人だけが、本を読み続けるのです。

本を読む時間は、自らつくるものです。大切なのは、手元にいつも本があるということです。本をよく読む子どもは、カバンにいつも文庫本が入っています。生活の一部に本が息づいています。

**⑩　親が購入した年齢に応じた本をなかなか読まないのです。このまま幼児の本から脱却できないのでは、と心配ですが……。**
**読む本が幼くて心配です。**

子どもの読む本には、子どもが必要としているエネルギーがふくまれています。子どもたちには、さまざまなエネルギーが必要です。自分の必要なエネルギーを供給してくれる本を選んでいると思えば良いのです。それは、子ども自身が感じ取っていることなのです。

親の選んだ本が、子どもの力になるとは、限らないのです。

いつまでも幼い一つの本を大事にしている子どももいます。それは、その子の心のお守りなんですね。

子どもが大事にしている本を否定する必要は、全くありません。その本の魅力を上回る本を、子どもに示せたら、子どもはそちらへも顔を向けるのだと思います。

# 第9章

# マイ・ブックリスト

本来このようなリストを示すことは、僕は好みません。しかし、どこで講演しても必ずたずねられるのが、学年別に薦める本のことです。

高学年の子どもは乳児～低学年の本でも、楽しむことができますが、低学年が高学年の本を読むのは難しいものです。

それは語彙力と人間理解の不足がネックになるからです。

このリストは、そのことを頭において活用してください。

## ◆マイ・ブックリスト　ベスト10【乳児編】

| 書名 | 作者 | 出版社 | 一言 |
|---|---|---|---|
| いないいないばあ | 松谷みよ子文　瀬川康男絵 | 童心社 | 赤ちゃんが最初に出会う本の定番。いいものは、いい。 |
| きんぎょがにげた | 五味太郎作 | 福音館書店 | わかっているくせに、何度も何度も「読んで」とせがむ本。 |
| とりかえっこ | さとう　わきこ作　二俣英五郎絵 | ポプラ社 | かわいいひよこが、いろんな動物と言葉をとりかえっこ。 |
| ぎゅっ | J・オールバラ作・絵 | 徳間書店 | お母さん・お父さんが、まず読みましょう。 |
| もりのなか | M・H・エッツ文・絵 | 福音館書店 | 定番ですが、子どもはなぜか離れられない本。 |
| こすずめのぼうけん | R・エインワース作　堀内誠一画 | 福音館書店 | 昔から大人気。子どもの願望をかなえてくれる本。 |
| どろんこハリー | G・ジオン文　M・B・グレアム絵　渡辺茂男訳 | 福音館書店 | 子どもはハリーになりきります。 |
| てぶくろ | E・M・ラチョフ絵 | 福音館書店 | 子どもだからこそ、この話がおもしろいし、意味もある。 |
| したきりすずめ | 石井桃子再話　赤羽末吉絵 | 福音館書店 | 民話も語ってあげる時期。 |
| さる・るるる | 五味太郎文・絵 | 絵本館 | 単純な言葉の繰り返しが楽しい。言葉の基本形も学べる。 |

## ◆マイ・ブックリスト　ベスト10【幼児編】

| 書名 | 作者 | 出版社 | 一言 |
| --- | --- | --- | --- |
| 三びきのやぎのがらがらどん | ノルウェーの昔話　M・ブラウン絵 | 福音館書店 | 子どもはくり返しが大好き。 |
| ぴっけやまのおならくらべ | かさい　まり文　村上康成絵 | ひさかたチャイルド | 楽しくて、うれしくなる絵本。 |
| こいぬのこん | 松成真理子作・絵 | 学習研究社 | 子どもには、こういう納得の仕方が必要。 |
| へんしんトンネル | あきやま　ただし作・絵 | 金の星社 | シリーズで読むとおもしろい。 |
| マドレーヌといぬ | L・ベーメルマンス文・絵 | 福音館書店 | 子どもが同化できるのは、こういう子ども。 |
| みんなうんち | 五味太郎文・絵 | 福音館書店 | 子どもにとってのうんちは、大人とは違う。 |
| ひとまねこざる | H・A・ルイ文・絵 | 岩波書店 | いたずらっこのこざるは、子どもの親友。 |
| かいじゅうたちのいるところ | M・センダック作 | 冨山房 | 子どもの考え方の通りの物語。 |
| あおくんときいろちゃん | L・レオーニ作 | 至光社 | レオーニの世界は美しいので、小さい頃から触れてほしい。 |
| だるまちゃんとてんぐちゃん | 加古里子文・絵 | 福音館 | 子どもらしさあふれる絵本。昔から読み続けられている。 |

## ◆マイ・ブックリスト　ベスト10【1年生編】

| 書名 | 作者 | 出版社 | 一言 |
|---|---|---|---|
| キャベツくん | 長新太作 | 文研出版 | 子どもは、何度読んでも大笑い。 |
| さるのせんせいとへびのかんごふさん | 穂高順也文<br>荒井良二絵 | ビリケン出版 | 荒唐無稽な話は、子どもたちにこそぴったりくる。 |
| けしごむくん | 二宮由紀子作<br>矢島秀行絵 | ひかりのくに | 説教くさくなく、考えさせてくれる本。 |
| わたしとあそんで | M・H・エッツ文・絵 | 福音館書店 | 人と接するには無理しないとそっと教えてくれる。 |
| ぐりとぐら | 中川李枝子文<br>山脇百合子絵 | 福音館書店 | ほんわりといい気分にさせてくれる本。 |
| ちいさいおうち | V・L・バートン文・絵 | 岩波書店 | 名作は、いつまでも輝く。 |
| 王さまと九人のきょうだい | 中国の民話<br>赤羽末吉絵 | 岩波書店 | 「次は、きってくれだよ」と分かっていても、楽しめる本。 |
| 100万回生きたねこ | 佐野洋子絵・文 | 講談社 | 命の意味を子どもにも考えさせてくれる絵本。 |
| おまえうまそうだな | 宮西達也作・絵 | ポプラ社 | 優しいティラノザウルスのシリーズ。 |
| くまのコールテンくん | D・フリーマン作 | 偕成社 | 夜のデパートでぬいぐるみが動くのも、子どもには自然。 |

◆マイ・ブックリスト　ベスト10【2年生編】

| 書名 | 作者 | 出版社 | 一言 |
|---|---|---|---|
| ふたりはともだち どろんこぶた他 | A・ローベル作 | 文化出版局 | 読みやすくて、かつ、深みがあるローベルの世界。 |
| こいぬのうんち | クォンジョンセン文 チョンスンガク絵 | 平凡社 | 命の循環の美しさを伝えてくれる本。 |
| じごくのそうべえ | 田島征彦作 | 童心社 | この語りのおもしろさが大切。 |
| うきうきしたら | J・オールバラ作・絵 | 徳間書店 | とっても気持ち良くなる絵本。 |
| いいから　いいから | 長谷川義史作 | 絵本館 | 家族でもこう言い合えるといいですね。 |
| すてきな三にんぐみ | T・アンゲラー作 | 偕成社 | どろぼうたちが、いい人にかわっていくのは子どもの力。 |
| つりばしゆらゆら | もりやま　みやこ作 つちだ　よしはる絵 | あかね書房 | 絵本から、本にうつっていく最初の本かな。 |
| うまれてきた子ども | 佐野洋子作・絵 | ポプラ社 | どうして子どもは生まれたくなったのか。 |
| クマのプーさん | E・A・シェパード絵 A・A・ミルン文 | 岩波書店 | ユーモアというものをさりげなく教える本。 |
| 子うさぎましろのお話 | 佐々木たづ文 三好碩也絵 | ポプラ社 | クリスマスにぜひ読みたいあたたかい絵本。 |

## ◆マイ・ブックリスト　ベスト10【3年生編】

| 書名 | 作者 | 出版社 | 一言 |
|---|---|---|---|
| あしなが | あきやま　ただし作・絵 | 講談社 | 人を見かけで判断するな、なんて教えなくても……。 |
| 泣いた赤おに | 浜田廣介作 | 偕成社他 | 有名な話だが、本当に分かるのはこの年齢から。 |
| いぬうえくんがやってきた | きたやま　ようこ作・絵 | あかね書房 | いぬうえくんとくまざわくんの、友だちを考えさせられる話。 |
| だいじょうぶだよ、ゾウさん | L・ブルギニョン作<br>V・ダール絵 | 文溪堂 | 死を、年取っていくことを受け入れる心のすばらしさを。 |
| エルマーのぼうけん | R・S・ガーネット作<br>R・C・ガーネット絵 | 福音館書店 | 教科書にも一部載っている。三部作。 |
| チョコレート戦争 | 大石真作<br>北田卓史画 | 理論社 | 子どもたちが生き生きと大活躍。 |
| ムーミン谷の冬 | T・ヤンソン著 | 講談社 | 北欧の妖怪、トロールたちのほのぼのとして真剣な世界。 |
| あらしのよるに | 木村裕一文<br>あべ弘士絵 | 講談社 | 相容れない狼と山羊の友情の苦しさを描く。 |
| きつねのおきゃくさま | あまん　きみこ文<br>二俣英五郎絵 | サンリード | 人に信頼されることのすばらしさを謳った感動の絵本。 |
| ムギと王さま | E・ファージョン作 | 岩波書店 | 人の生き方を考えさせられる珠玉の短編集。 |

## ◆マイ・ブックリスト　ベスト10【4年生編】

| 書名 | 作者 | 出版社 | 一言 |
| --- | --- | --- | --- |
| 大どろぼうホッツェンプロッツ | O・プロイスラー原作 | 偕成社 | ゆかいなどろぼうとの対決。 |
| ふたりのロッテ | E・ケストナー著 | 岩波書店 | 別々にくらしていた双子の再会で起こるドラマ。 |
| 百まいのドレス | E・エスティス作<br>L・スロボドキン絵 | 岩波書店 | いじめについて考えさせられる感動のラストシーン。 |
| 十歳のきみへ | 日野原重明著 | 冨山房 | 90を越えてなお命の教育を語る医師からのメッセージ。 |
| 新ちゃんがないた! | 佐藤州男作<br>長谷川集平絵 | 文研出版 | 障碍について深く感動的に伝えられる物語。 |
| わすれられないおくりもの | S・バーレイ文・絵 | 評論社 | 死をあたたかくとらえることのできる絵本。 |
| 長くつ下のピッピ | A・リンドグレーン作 | 岩波書店他 | 力持ちの不思議な女の子の爽快なお話。 |
| いちご | 倉橋耀子作<br>さべあ　のま絵 | 講談社 | そばかすでいじめられた「いちごちゃん」に勇気づけられる。 |
| ボロ | いそ　みゆき作<br>長新太絵 | ポプラ社 | 心にしみ入る絵本とは、こういうのを言う。 |
| ニルスのふしぎな旅 | S・O・L・ラーゲルレーヴ作 | 講談社他 | 動物と話しながら成長するわんぱく小僧の物語。 |

## ◆マイ・ブックリスト　ベスト10【5年生編】

| 書名 | 作者 | 出版社 | 一言 |
|---|---|---|---|
| 飛ぶ教室 | E・ケストナー作 | 講談社他 | 著名人の私の一冊に80%くらい入る名作。 |
| 青い鳥 | M・メーテルリンク作 | 新潮社他 | 幸せとは……。今の時代だからこそ輝く物語。 |
| よだかの星　ツェねずみ | 宮沢賢治著<br>伊勢栄子絵 | 講談社 | 賢治の世界は、必ず通ってほしいすてきな世界。 |
| 島ひきおに | 山下明生文<br>梶山俊夫絵 | 偕成社 | 絵本だが、このくらいの年齢で読んでほしい。 |
| ムギと王さま | E・ファージョン作 | 岩波書店 | 文庫でなく、単行本の「親切な地主さん」を読もう。 |
| ライオンと魔女 | C・S・ルイス作 | 岩波書店 | 映画にもなった「ナルニア国」シリーズ。 |
| ひまわりのかっちゃん | 西川つかさ著 | 講談社 | 特別学級のかっちゃんが答辞を読むまでの感動の実話。 |
| ぞうのせなか | 秋元康作<br>網中いづる絵 | 講談社 | 父親から伝えられるものは何か。大人こそ読んでほしい。 |
| はてしない物語 | M・エンデ作 | 岩波書店 | 分厚いが、読み出したら止まらないファンタジー。 |
| ほんとうの空色 | B・バラージュ作 | 岩波書店 | 子どもの夢と成長を描いた物語。 |

## ◆マイ・ブックリスト　ベスト10【6年生〜中学生編】

| 書名 | 作者 | 出版社 | 一言 |
|---|---|---|---|
| ハッピーバースデー | 青木和雄作 | 金の星社 | 中学生女子のベストセラーNo.1．思春期の子どもたちに。 |
| 蜘蛛の糸・杜子春 | 芥川龍之介著 | 新潮社 | 日本文学として、これくらいは読んでほしい。 |
| エリカ　奇跡のいのち | R・ジー文<br>R・インセンティ絵 | 講談社 | 「死に向かいながら生に向かって私を放り……」深い絵本。 |
| みんなのなやみ | 重松清著 | 新潮社 | 思春期の子どもたちの叫びへの答えがここにある。 |
| クローディアの秘密 | E・L・カニグズバーグ作 | 岩波書店 | 現代の思春期の子どもたちの考えを描く作者。 |
| 太陽の子 | 灰谷健次郎著 | 角川書店 | 神戸が舞台の人間ドラマ。 |
| 風切る翼 | 木村裕一文<br>黒田征太郎絵 | 講談社 | 友達を大切にすることとは、どういうことか。 |
| レイチェル―海と自然を愛したレイチェル・カーソンの物語 | A・エアリク文<br>W・マイナー絵 | BL出版 | 「沈黙の春」のレイチェル・カーソンはどう育ったのか。 |
| 秘密の花園 | F・E・H・バーネット作 | 岩波書店他 | 誰もが心の中に持ちたい大切なもの。 |
| ゲド戦記 | U・K・ル・グウィン作 | 岩波書店 | 言葉で影をあやつるというSFの最高傑作。 |

# おわりにかえて

読書は人生です。読書は決意です。

卒業生、もうアラフォーですが、出会って話をしました。「本、読んでるか」といって、いくつか薦めました。その次の日に、久しぶりに本を買って読んで、すっきりしたというメールが来ました。

親塾で、月に二回の講演の後、必ず絵本や本を読み聞かせします。それが目的で来てくださるお母さんたちも、いらっしゃいます。本を読み聞かせしてもらうことは、心地よいことなのです。

大人になっても、本は人生の友だちです。

僕は、本をたくさん読んでいることだけが、自慢できる人間でした。あらゆるジャンルの本を読み漁りました。昔は、ただ、読んでいるだけであったかも知れません。

絵本を始めとした本の世界に入り込むきっかけをくれたのは、同期の友人、図書館司書の太田典子さんでした。彼女は、僕と同世代なのに本についてのしっかりとした考えと知識を持っていました。昔話や物語の深層について、教えてくれることになりました。何よりも、娘の誕生祝いにと、同僚たちと共に選んでくれた絵本たちが、僕に絵本のすばらしさを改めて教えてくれました。

さらに絵本の世界を広げてくれたのは、私学の大先輩の大石進先生でした。

「わしは紙芝居屋やで。」

と、おっしゃりながら、独特の語り口調で、絵本を読み聞かせしてくださいました。いろんな絵本を紹介して、絵本の世界を広げてくださいました。

読書というベースに、絵本という最高のエッセンスを加えてくださったお二人に、深く感謝いたします。

また、僕のわがままを聞いてくださって、「本の教育」の本を出版するお力添えをくださった黎明書房の武馬さんと佐藤さんに、深謝いたします。

二〇一三年九月

多賀一郎

参考文献

・モンセラット・サルト著、佐藤美智代・青柳啓子訳『読書で遊ぼうアニマシオン』柏書房。
・ブルーノ・ベッテルハイム著、波多野完治・乾侑美子訳『昔話の魔力』評論社。
・河合隼雄著、鈴木康司画『昔話の深層』福音館書店。
・長田弘著『読書からはじまる』ＮＨＫライブラリー。

**著者紹介**

**多賀一郎**

神戸大学附属住吉小学校を経て，私立甲南小学校に 31 年勤務。

現在，追手門学院小学校講師。

元日本私立小学校連合会国語部全国委員長。

元西日本私立小学校連合会国語部代表委員。

教育研究集団新視界クロスオーバー 21 主宰。

国語研究会「東風の会」所属。

教育の達人セミナー，教師多賀塾など，若い先生を育てる活動に尽力。

公私立の小学校・幼稚園などで講座・講演などを行ったり，親塾や「本の会」など，保護者教育にも，力を入れている。

ホームページ：「多賀マークの教室日記」http://www.taga169.com/

著書：シリーズ教育の達人に学ぶ①
『子どもの心をゆさぶる多賀一郎の国語の授業の作り方』

教師のための携帯ブックス⑪
『教室で家庭でめっちゃ楽しく学べる国語のネタ 63』（共著）

『全員を聞く子どもにする教室の作り方』

『今どきの子どもはこう受け止めるんやで！』

（以上，黎明書房）

『これであなたもマイスター！　国語発問づくり 10 のルール』

『1から学べる！　成功する授業づくり』（以上，明治図書）



一冊《いっさつ》の本《ほん》が学級《がっきゅう》を変《か》える―クラス全員《ぜんいん》が成長《せいちょう》する「本《ほん》の教育《きょういく》」の進《すす》め方《かた》―

2013 年 10 月 25 日　初版発行
2014 年 2 月 20 日　3 刷発行

著　者　多《た》　賀《が》　一《いち》　郎《ろう》
発行者　武　馬　久仁裕
印　刷　藤原印刷株式会社
製　本　協栄製本工業株式会社

発行所　株式会社　黎《れい》　明《めい》　書《しょ》　房《ぼう》

〒460-0002　名古屋市中区丸の内3-6-27　EBSビル　☎052-962-3045
振替・00880-1-59001　FAX052-951-9065
〒101-0047　東京連絡所・千代田区内神田1-4-9 松苗ビル 4 F
☎03-3268-3470

落丁本・乱丁本はお取替します。　ISBN978-4-654-01892-5